Si Dios contigo,

¿quién contra ti?

María Elvira Salazar

Si Dios contigo,

¿quién contra ti?

Grijalbo

Si Dios contigo, ¿quién contra ti?

Primera edición en México: marzo, 2010
Primera edición en Estados Unidos: marzo, 2010

www.rhmx.com.mx

Comentarios sobre la edición y el contenido de este libro a:
literaria@rhmx.com.mx

ISBN 978-607-429-875-8 (Random House Mondadori)
ISBN 978-030-739-326-5 (Random House Inc.)

Impreso en México / *Printed in Mexico*

PRÓLOGO

El que habita al abrigo del Altísimo
morará bajo la sombra del Omnipotente.

Salmo 91

Para estas alturas, yo debería estar muerta. Al menos profesionalmente. Enterrada bajo los escombros del desprestigio y el olvido. Hace ya siete años creí perderlo todo: fui despedida súbitamente de Telemundo, el canal para el cual trabajaba como presentadora del noticiero nacional. Mi contrato aún no se había vencido. Los números del famoso *rating*, que rige las vidas de todos los que trabajamos en este negocio de la televisión, nos favorecían. Así que aquello parecía una decisión, a todas luces, descabellada. ¿Por qué, de la noche a la mañana, mi jefe me pedía que me fuera? Yo tenía un expediente impecable, y mi público me quería. Sin embargo, la cadena para la cual trabajé arduamente durante nueve años me botaba a la calle sin mayores explicaciones.

¿La razón? La supe después: un capricho de Laura Bozzo, quien para entonces era la reina de las tardes, la dueña del *rating*, la estrella y la gallina de los huevos de oro de la empresa. Una mujer que me abrió su corazón, me contó toda la verdad sobre su relación con Vladimiro Montesinos, el Rasputín del Perú... y después me castigó por saber demasiado. No conforme con dejarme sin empleo, con dos niñas de dos y tres años y a punto de la bancarrota, Laura se encargó de difamarme sacando a la luz pública, en una cinta grabada ilegalmente por ella, una conversación que habíamos tenido, en la cual Montesinos me pedía que le transmitiera un mensaje: él necesitaba que ella le ayudara a pagar sus abogados.

Laura editó la cinta de una manera tal que yo parecía cómplice de aquel perverso hombre, y ella una pobre víctima de nuestro chantaje. Por supuesto, la justicia peruana no cayó en su trampa y le hizo pagar tres años de prisión domiciliaria. Aunque mi inocencia quedó totalmente demostrada, y se comprobó que mi única relación con Montesinos era la búsqueda de una exclusiva periodística, la industria de la televisión me dio la espalda. Mis compañeros de años, mis jefes, mis amigos... todos me abandonaron. Huían de mí como de la peste.

No tenía muchas opciones. Me habían expulsado del trono, del piso superior del periodismo. Yo ocupaba uno de los cuatro puestos más importantes de toda la industria. Hay sólo dos cadenas nacionales en español, con un noticiero estelar cada uno. Así de sencillo. Cuatro puestos para millones de aspirantes. Ocupar una de esas sillas era estar en la cima. Y llegar a esa cima me había tomado más de la mitad de mi vida. ¿Qué iba a hacer ahora? ¿Cómo recuperar mi carrera, mi prestigio, el respeto de mi público?

Después de veinticinco años de una carrera intachable, impecable, trabajada a pulso, sin hacer favores sexuales a cambio de un puesto, ganada con sangre, sudor y lágrimas, allí estaba yo, en el piso, marcada como leprosa y catalogada como desecho en la industria.

Sin nadie a quién acudir... me arrodillé. Y miré al cielo. Me aferré a lo único verdaderamente eterno: el Altísimo. Le pedí que me rescatara del hueco. Que me salvara de la muerte profesional, de la ruina económica y del dolor del fracaso. Él era el único que tenía el poder para sacarme; por eso estaba ante Él. Me arrodillé y desde ese momento me di cuenta de que si Dios está conmigo, nadie podía estar contra mí. Y empecé a sentir paz, ésa que trasciende el intelecto y llega al corazón. Desde el mismo momento en el que me aferré a la Palabra del Señor comencé a sentir su fuerza en mí, por eso supe que todo iba a salir bien. Y así fue.

Hoy, siete años después de atravesar aquel valle de tinieblas, de haber escalado la montaña profesional más difícil de mi carrera, a base de lucha y esfuerzo, logré rehacer mi carrera. Hoy tengo un programa estelar en un canal creciente que está en vías de convertirse en nacional. Un formato distinto creado por mí, que me da la oportunidad cada noche de informar al público de manera original y entretenida, y de estar en contacto con la realidad como nunca antes lo estuve.

Salí del agujero fortalecida, desde todo punto de vista: profesional, económico, personal. Pero por sobre todas las cosas, entendí que la única manera de vencer una crisis es aferrándose a un poder superior: el poder de Dios. Dios levantó a Jesús de la tumba con el poder de la resurrección; esa misma fuerza inmensa está en nosotros. Basta abrir nuestro corazón y dejarlo entrar. Sin Él, pelear solos la batalla de la vida es perderla. Es así de simple.

En estos tiempos difíciles que nos cercan, cuando veo tanta gente a mi alrededor perdiéndolo todo —casas, empleos, ahorros, matrimonios—, he querido compartir mi historia para demostrar que, así como yo pude, podemos todos. Todos somos capaces de comenzar de nuevo, de levantarnos de la tumba, de empezar de cero, reconstruir vida, carrera, negocio, profesión... De salir adelante después de una gran caída, sólo con la fuerza de la fe.

La fe es la certeza de lo que se espera, la convicción de lo que no se ve. Aun cuando estemos en medio del peor de los problemas, atravesando la más cruel de las tribulaciones, la fe nos da la paz. La certeza de que saldremos de esa crisis. Porque Dios así lo promete a través de su palabra: Él nos librará de "todas" nuestras tribulaciones. De todas. No de una o dos. Entonces, ¿por qué temer? ¿Por qué angustiarse?

Cuando entendemos que Dios nos ha prometido paz, prosperidad, salud, felicidad... el miedo se acaba. Dios, nuestro Padre, nos ha dejado un testamento, una herencia de abundancia, de riquezas, de salud para todos; con Él no hay preferidos, no hace distinciones. Lo único que debemos hacer es reclamar esa herencia.

Yo soy la prueba viviente de que las promesas de Dios son absolutamente ciertas. Porque Dios no miente, ésa es una costumbre de los hombres. Si uno logra aferrarse a las fuerzas superiores, la batalla está ganada. Uno logra salir de las tribulaciones. Las de ahora y las del futuro. Porque así está escrito: *Muchas son las aflicciones del justo, pero de todas* (de todas, no de unas cuantas, de todas) *te librará Jehová.*[1]

Cuando entendemos y creemos firmemente esta simple verdad nos volvemos invencibles. Cuando entendemos que *todo está sujeto a cambio* vemos la luz al final del túnel. Cuando comenzamos a declarar con nuestra boca lo que creemos en nuestro corazón, nuestra realidad automáticamente comienza a cambiar.

Dios nos dijo: *Lo que pidas en nombre de mi hijo Jesús, será concedido.* Y así es. Así logré remontar la cuesta. Hoy te tiendo la mano para que tú también te levantes del piso. Para que venzas la depresión, la tristeza, la desesperanza. No importa cuán grande sea tu problema: divorcio, viudez, enfermedad, muerte de un familiar, deportación, bancarrota... Dios nos dice que Él está por encima de todo lo que tiene un nombre. Si tu aflicción tiene un nombre, tú puedes vencerla, pero sólo con la ayuda de Dios.

Cuando dices, en voz alta, de rodillas, *Yo declaro en el nombre de Jesús que saldré de este problema*, estás cambiando tu realidad en ese momento con tu boca. *Yo establezco en el nombre de Jesús que voy a conseguir el trabajo ideal, Yo decreto en el nombre de Jesús que Él me da el poder para hacer las riquezas*... todas éstas son frases muy poderosas. Sólo tienes que creerlo. Tienes que agarrarte de Dios.

La falta de fe en una fuerza superior genera un vacío. El pensar que puedes resolver tus problemas solo, sin ayuda de nadie más que tú mismo, te lleva a la ansiedad y al abismo. En cambio, cuando descubres a Jesús a través de la Palabra, de la Biblia, cuando descubres el infinito poder de Dios que actúa a través de ti, cuando descubres que tú mismo tienes en tu corazón el poder de la resurrección... te conviertes en un gigante. Nada te toca. La crisis, la recesión, la miseria... no te pertenecen. Tienes a tu lado al aliado más poderoso, al Omnipotente. ¿Y por qué estar solos, cuando la fuerza de ese Dios que se levantó de la tumba está con nosotros?

Ahora más que nunca es tiempo de descubrir las promesas de Dios. Yo invito a mis hermanos escépticos a que, al menos, le concedan a estas palabras el beneficio de la duda. Si ya lo has intentado todo y no te ha funcionado, arrodíllate y pídele a Dios que abra tu corazón. Que te dé fe. Y si ya tienes fe, entonces ora para que esa fe se fortalezca cada día más. El don de la fe crece leyendo la Palabra. Así que acude a los Salmos, a los Evangelios, a lo que más te llene. Ahí están todas las respuestas que necesitamos.

Recuerda: tú creas tu futuro con la Palabra. Así que, a partir de hoy, deja de regodearte en lo negativo. No digas: *Estoy mal, tengo deudas, qué mal me siento, la cosa está muy mala, estoy a punto de perderlo todo.* En cambio, comienza a decir: *Yo declaro en el nombre de Jesús que todo está sujeto a cambio, yo declaro en el nombre de Jesús que voy a tener prosperidad, yo declaro en el nombre de Jesús que mi hijo saldrá de las drogas. Lo declaro en el nombre de Jesús, lo creo y lo decreto.*

Por último, quiero dedicar este libro a los millones de televidentes que nos siguen diariamente, y que muchas veces desconocen cuánto sufrimiento y frustración hay detrás de las cámaras, pero también con cuánta mística y respeto nos entregamos muchos a este trabajo que al final del camino nos deja tantas satisfacciones.

Pero muy especialmente, dedico este libro a todos los que alguna vez se han sentido sin esperanzas, caídos, destruidos por las circunstancias, cegados por la oscuridad de la incertidumbre, envueltos por la amargura del fracaso, invadidos por el desasosiego, la depresión, la soledad o la ruina. Todos hemos atravesado alguna vez un valle de lágrimas y tinieblas, cada uno con características particulares. Pero para todos, la salida es la misma: Dios.

Han sido más de siete años de pelea, pero yo he vuelto a levantarme. Laura Bozzo, en cambio, la mujer que intentó hundirme, lo ha perdido todo: acusada de fraude, de abuso de menores, denunciada por Jaime Bayly ante la justicia peruana, Telemundo decidió suspender su programa hace un año. Su carrera, que se construyó sobre la base de un escándalo tras otro, se encuentra en un callejón sin salida. El juicio por su asociación con Montesinos le costó más de un millón de dólares, así que su fortuna de otrora no existe.

Cuando la entrevisté a finales del 2008 en Santo Domingo, me encontré con la sombra de la mujer que conocí hace más de siete años. Vi a una Laura Bozzo derrotada, tratando de aferrarse a una vaga idea de sí misma, a lo que alguna vez fue: la reina de un mundo televisivo de oropel y mentiras, dueña de todo menos de la paz. Cerca de la cima pero muy lejos de Dios. La vi sola, acabada, disminuida. Sentí compasión por ella, y desde el fondo de mi corazón, a pesar de todo lo que me hizo sufrir y de todas las dificultades por las que tanto mi familia como yo atravesamos gracias a sus acciones, la perdoné.

Ella está viviendo su infierno en la tierra, uno que ella misma labró con sus acciones, con su oscura voluntad. Para mí, ésta es una clara muestra de a dónde te lleva el bien y a dónde te conduce el mal.

El mensaje es claro: no hay fuerza que pueda contra la voluntad de Dios.

I. EL FALSO ÍDOLO

Mi primer encuentro con Laura Bozzo

Porque la palabra de Dios es viva y poderosa
y más cortante que cualquier espada de dos filos.

Hebreos, 4:12

Hace más de cinco años descubrí que el infierno queda en la tierra. Que se puede llegar a él por los caminos más insospechados. Descubrí que el demonio tiene muchas caras... de pronto puede vestirse de mujer, con ropajes costosos y poses estudiadas. Tiene trucos para engañarnos, manipularnos y hacernos caer en sus trampas, no importa lo inteligentes, preparados o estudiados que podamos ser. Satanás no necesita un tridente en la mano para manifestarse. A veces un micrófono y una cámara de televisión son más que suficientes.

Laura Bozzo representó mi infierno en la tierra. Gracias a ella saboreé los ratos más amargos de mi vida. Caminé por un valle de sombras. Conocí la traición, la mentira, la trampa. Me enfrenté cara a cara con lo que creí era el final de mi carrera. Esta mujer, este personaje de la farándula y del amarillismo televisivo, casi logra destruir lo que con tanto esfuerzo construí a lo largo de los años: una carrera periodística intachable, llena de logros, del afecto del público y del respeto de las audiencias. Sin embargo, gracias a que me amparé a la sombra del Omnipotente, un Dios que te garantiza que *aunque camines por un valle de tinieblas no debes temer ningún mal*, descubrí también que se puede regresar del infierno con el alma intacta, la frente en alto y el corazón fortalecido.

Porque todo el que se pega a la fuerza del Altísimo vence al mundo, no le quede ninguna duda de que *Si Dios contigo, ¿quién contra ti?*

***

El día que vi a Laura Bozzo por primera vez quedó grabado en mi memoria para siempre. Nunca me imaginé que un encuentro con aquel personaje tan ajeno a mí desde todo punto de vista me cambiaría la vida de la manera en que lo hizo. Allí comenzó esta sinuosa crónica de sinsabores y malicia que me dejó tantas grietas en el corazón.

Todo comenzó en mayo del año 2000, en medio de una sesión de fotos para Telemundo. Yo estaba plena de vida, literalmente: embarazada de mi segunda hija, Martina, y todavía amamantando a la primera, Nicoletta, que apenas tenía ocho meses de nacida.

Ese día todas las figuras protagónicas del canal desfilaban con sus mejores galas por un inmenso galpón de Hialeah, para hacer las promociones del año. Telemundo comenzaba a interesarse más por la producción de telenovelas bajo la recién llegada administración de Jim McNamara,[2] así que las estrellas rutilantes de las teleséries de moda se daban cita en aquel lugar. Era una fiesta, un derroche de *glamour* absoluto. Y también un intercambio de frases cargadas de hipocresía, encanto engañoso y poses estudiadas, todo muy típico de una industria que poco se fija en la belleza interior de las personas.

Yo, para entonces, era presentadora del noticiero Telemundo-CNN junto a Pedro Sevcec. Aquél era un trabajo codiciado por todo el gremio periodístico, y yo, al tenerlo, me consideraba bendecida por el Espíritu Santo que me había dado aquel regalo. Comencé esa responsabilidad en octubre de 1999, luego de mi reposo posnatal. Me costó mucho regresar a trabajar con la niña recién nacida, pero como buena mujer del siglo XXI, yo buscaba —y todavía busco— el equilibrio entre lo profesional y lo personal.

En ese momento la cadena acababa de comprar el *show Laura en América,*[3] que ya había tenido un éxito relativo en Perú, país en donde se producía. El programa se transmitía en el horario de las cuatro de la tarde, y su conductora se perfilaba ya como una fuerte competencia para la reina de la industria en ese momento: Cristina Saralegui, la cara de Univision para el mundo entero, representante de la mujer latina que triunfa en los Estados Unidos y prácticamente pionera del género *talk show* en español.

Laura Bozzo se presentaba como abogada de los pobres, una suerte de Evita Perón peruana que resolvía las miserias del pueblo mientras sacaba a flote las bajezas más inimaginables: incestos, violaciones, infidelidades y violencia doméstica eran sus temas cotidianos y favoritos. El de Laura era un *show* muy distinto al de Cristina. Mientras Saralegui mostraba destreza periodística y respeto hacia sus invitados, Bozzo convertía a la audiencia en un circo romano, mostrando las peores cualidades del ser humano, con el escándalo como premisa y el amarillismo como bandera. *Laura en América* era, a mi modo de ver, vergonzoso, humillante. Pero triunfaba en las mediciones y ganaba los *ratings*. Y eso, en la industria, es lo más importante. Yo, como cristiana que soy, no juzgo a nadie, y al contrario, practico la humildad y dejo que Él haga justicia cuando lo estime conveniente.

Laura Bozzo se convirtió rápidamente en una figura muy popular en la televisión hispana, y por lo tanto muy influyente. Los ejecutivos convertían en órdenes sus deseos y la complacían en todo. Ese mayo de 2000, al igual que el resto del talento vivo de Telemundo, fue invitada a Miami para que viniera a hacer los comerciales de campaña de identificación del año. Era la primera vez que Laura venía a Telemundo. Llegó al galpón de Hialeah, en donde se iban a hacer las fotos, en una limosina que le habían contratado y vestida como una reina.

Su chofer se llamaba Manolo Oropeza. En ese momento, yo no sabía que ese hombre iba a ser clave para mí y que se convertiría en mi aliado cuando Laura, años más tarde, me declaró la guerra a muerte.

Laura derramaba soberbia, prepotencia. Era una mujer llena de sí misma, con aires de grandeza. Me pareció fuera de la realidad, desubicada. Pero el propio McNamara se moría por verla, por rendirle una acomodaticia pleitesía. Él intuía que esta mujer se podía convertir, en muy poco tiempo, en la gallina de los huevos de oro del canal. Era la dueña de las tardes, la nueva exponente del *talk show* latino. Bozzo, efectivamente, con su estilo escandaloso, polémico, a ratos agresivo y siempre provocador, logró lo imposible: destronar a Cristina.

En el canal había una gran expectativa. La gente estaba intrigada, fascinada con Laura. Los técnicos, los maquilladores, los vestuaristas, todos querían ver en persona a este ampuloso personaje. A mí no me causaba tanta inquietud, tal vez porque a lo largo de mi carrera había tenido la fortuna de entrevistar gente que sí era muy importante: Fidel Castro, Bill Clinton, Fernando Botero, George Bush, Plácido Domingo, Óscar de la Renta... Mi capacidad de asombro era, y sigue siendo, muy baja. Eso sí, me impresiona la grandeza de la humildad. La misionera Madre Teresa, los desconocidos que trabajan sin pago con niños víctimas de abuso, los que se arriesgan a rescatar a un minero en las entrañas de una mina: ésa es la gente que me marca. Pero Laura Bozzo es todo lo contrario, y sencillamente me pareció una persona como muchas en esta industria: seducida por su propia autocreada importancia. Pero Dios nos mira a todos con misericordia, ¿por qué debo yo mirarlos diferente?

Así que propuse que la entrevistáramos para el noticiero. Laura Bozzo sin duda era noticia. La abordé antes de la sesión de fotos y me presenté. Le dije que quería entrevistarla y ella enseguida se emocionó. Todo lo que represente figuración, pantalla, luces, cámara, acción, la trastoca. Su vanidad es tan grande que el camino más directo para llegar a Laura es el del masaje a su ego. Se mostró toda risas; toda amabilidad. Le interesaba enormemente tener buenas relaciones con el personal de la cadena. Ahora entiendo que toda esa diplomacia no era más que parte de su astucia: Laura es calculadora y sabe muy bien a quién tratar con amabilidad. Ella vio en mí una ficha que le serviría para su escalada dentro de la televisión hispana de los Estados Unidos.

En ese momento Fujimori[4] acababa de ser reelecto como presidente del Perú, y Vladimiro Montesinos era su mano derecha, su hombre de confianza, el poderoso tras el trono. A Montesinos se le atribuía la pacificación del Perú usando mano de hierro, aplicando cualquier tipo de técnica necesaria. A pesar de sus cuestionados métodos, este hombre era considerado "el salvador" de un país que había sido continua y cruelmente golpeado por la guerrilla y el terrorismo. Un país muy herido, secuestrado por la violencia y diezmado por años de gobiernos corruptos, que vio en las nuevas políticas de Fujimori y Montesinos su tabla de salvación. Pero mientras Fujimori era un político lleno de carisma y seducido por la cosa pública, Montesinos era una sombra. Un hacedor silente a quien nadie podía acercarse, a quien pocos conocían. Era, pues, una figura muy atractiva para la prensa.

Siempre he sido una fanática del estudio de los procesos políticos de Latinoamérica, así que lógicamente, durante la entrevista que le hice a Laura aquel mayo de 2000, le pregunté sobre la situación de su país. Ella habló, como siempre lo hacía, maravillas de Fujimori y de Montesinos. Hablamos sobre la guerrilla, sobre Sendero Luminoso...[5] Ella afirmaba, como la gran mayoría de los peruanos por aquel entonces, que Fujimori y Montesinos habían sacado a su país del foso en el que el terrorismo lo había hundido.

Para nadie era un secreto que Laura Bozzo apoyaba abiertamente a Fujimori. Incluso durante una de las transmisiones de su programa *Laura en América* en Perú, la conductora había revelado que el entonces candidato Alejandro Toledo tenía una hija ilegítima, llamada Zaraí. Este hecho, según muchos analistas políticos, le costó la presidencia a Toledo.

Sin embargo, hubo un detalle que me llamó la atención y activó mi olfato periodístico. Más allá de la mera entrevista con una conductora de televisión acabada de llegar del Perú y en vías del estrellato, Laura hablaba de Montesinos con un entusiasmo exacerbado. No sólo declaró que gracias a él la gente podía salir a la calle, que ya no había ataques guerrilleros con coches bomba en cualquier esquina, que se podía disfrutar de la vida nocturna, de los restaurantes: sus ojos brillaban, destellaban una hipertrofiada admiración.

Aquella mujer se deleitaba al hablar de Montesinos. Entiendo que ella había vivido muy de cerca las consecuencias de los ataques terroristas de la guerrilla, y que estaba profundamente agradecida con el gobierno y en especial con Montesinos, pero definitivamente ésta no era una figura pública refiriéndose a otra. Había algo más...

Mientras ella hilvanaba sus elogios hacia el jefe del Servicio de Inteligencia Nacional de su país, yo notaba que entre Bozzo y Montesinos había definitivamente una relación muy cercana, por decir lo menos. En ese momento no supe determinar si era amorosa. No me di cuenta de que Laura Bozzo estaba profundamente enamorada de Vladimiro Montesinos. Pensé que se trataba de una suerte de fanática política. Pero jamás sospeché la profundidad y los alcances de su relación con este hombre maligno, este demonio que más tarde llegaría a convertirse en uno de los criminales más buscados por la Interpol.

En todo caso, era evidente la "amistad" entre ellos, y a mí se me iluminó el alma noticiosa: aquella mujer había dejado de ser, repentinamente, la conductora de un *talk show* para convertirse en la oportunidad dorada de entrevistar a Montesinos. Ella sería la llave que me abriría las puertas del coto cerrado en el que se mantenía la mano derecha de Fujimori. Al menos eso pensé yo, que siempre he sido una apasionada de mi profesión y una buscadora de retos. Cuanto más difíciles, más me empeño. Así había logrado importantes entrevistas y así, pensaba yo entonces, lograría el encuentro con Montesinos, para completar la tríada de los imposibles.

Cuando terminó nuestra conversación le pedí a Laura que, siendo tan amiga de Montesinos, nos pusiera en contacto con él para entrevistarlo para el noticiero nacional. Ella de inmediato me dijo que sí. Mucho más, se mostró absolutamente solícita y de acuerdo con la idea.

Obviamente me emocioné hasta los huesos. Me ilusioné con lo que asumí como un nuevo reto en mi carrera periodística. La sola idea de entrevistar a aquel hombre, al que nadie le había visto la cara en nueve años que tenía Fujimori en el gobierno, era absolutamente cataclísmica. Montesinos era una suerte de Rasputín y los alcances de su poder eran prácticamente infinitos. Se le asociaba con la CIA, con el tráfico de armas, drogas, dinero, marfiles, madera, además de ser el jefe de los paramilitares encargados de aniquilar a los guerrilleros que vivían en la ciudad. Era, en definitiva, un intocable. Nada más atractivo para un periodista.

Laura y yo intercambiamos números telefónicos, únicamente con la excusa de esa entrevista a Vladimiro Montesinos que ella me aseguraba. Yo obviamente le creí. No tenía por qué no hacerlo. Y es que, en ese momento, a pesar de que noté su soberbia, su prepotencia, yo no me había dado cuenta de que, además, estaba yo ante una mujer increíblemente manipuladora, mentirosa, maligna. Capaz de cualquier cosa por conseguir sus objetivos.

Cuando terminó la entrevista y el intercambio de teléfonos, Laura fue a retocarse el maquillaje para las fotos. Entonces se me acercó McNamara y, luego de saludarme, me pidió que la llevara a donde estaba Laura. Me dio la impresión de que él no la conocía personalmente y estaba ansioso de verla. Me llamó la atención tanto interés del presidente de Telemundo por una figura relativamente nueva en el canal. Sin embargo, lo llevé al lugar donde se estaba maquillando. Años después, ella presionaría a McNamara para que me sacaran de mi puesto. Así pues, ese apretón de manos que yo generé entre estos dos seres se volvería en mi contra de una manera tristemente irónica.

McNamara estaba —o por lo menos fingía estarlo— maravillado con Laura. Era obvio que para él esta mujer era un negocio, más allá de la calidad de su *show*, de las humillaciones constantes que el pueblo peruano sufría en su programa o del desprestigio cultural que podía representar este tipo de espectáculo ante la opinión pública. Ella era *rating* y punto. Y en esta industria, tanto tienes de *rating*, tanto vales. Ésa es la deprimente y aplastante realidad.

Laura estaba logrando robarle público a Cristina, y eso era algo que había que premiar de cualquier manera posible. Así que Bozzo recibía tratamiento de cinco estrellas: no sólo la limusina y el chofer, también se hospedaba en el apartamento que el propio McNamara poseía en Key Biscayne, en un lujosísimo edificio frente al mar llamado Ocean Club. Este trato no lo recibía ninguna estrella internacional invitada por

Telemundo. Los actores contratados para las telenovelas, los artistas que participaban de los *shows,* todos eran hospedados en hoteles. Laura Bozzo era, así de sencillo, única, privilegiada y todopoderosa.

***

Luego de esa sesión de fotos de mayo, no la vi más. Se fue al Perú para continuar haciendo su programa y su vida. Pero a partir de ese momento la entrevista con Montesinos se convirtió en un norte para mí. Hacía mi vida, me ocupaba de mi hija, de mi embarazo, de mi marido, de mi trabajo... pero paralelamente le hacía un seguimiento constante al tema Laura-Montesinos. La llamé a Perú a menudo. Muchas veces hablé con Ximena, su secretaria. Le dejaba el recado y luego la volvía a llamar. Insistía hasta que me atendiera.

Esto para mí era normal: estuve cuatro años, por ejemplo, trabajando para lograr la entrevista con Fidel. Estoy, pues, consciente de las dificultades que implica acercarse a un personaje de esta magnitud. Pero cuando me empeño en algo, no cedo, no abandono, no me rindo hasta lograrlo; además estoy convencida de que yo soy más que vencedora en Cristo Jesús, y yo me amparo en esas palabras. Yo soy vencedora en lo que me propongo y punto. Y cuento con una fuerza superior que me abre los caminos. Así está prometido en la Biblia: *Encomienda a Mí tu camino, para que Yo haga*. Así que dejo que Él haga, y siempre sale bien. De mi parte humana, cuento con la perseverancia, una cualidad clave para alcanzar el éxito en todas las facetas de nuestra vida.

En el teléfono, Laura se mostraba siempre evasiva. Me respondía de manera ambigua, sin precisiones. Me daba excusas distintas cada vez: *Ahora no puede, parece que sí te la va a dar pero no sabe cuándo*... Cosas por el estilo. Me cambiaba el tema, se iba por la tangente. Era difícil centrarla y concretarla.

Yo seguía insistiendo, pero me preocupaba que avanzara el tiempo y yo, por mi embarazo, ya no pudiera viajar al Perú para realizar la entrevista. Era una carrera contra el reloj y mi único puente con Montesinos se ponía cada vez más resbaladizo. Comencé a inquietarme. Tenía que lograr la exclusiva, y lo más rápidamente posible. Ya lo había anunciado a mis jefes en el noticiero, mi orgullo profesional estaba comprometido.

Nunca, eso sí, pensé que todo esto se volvería tan personal y tan en mi contra. Nunca pensé que así comenzaría mi descenso al mundo de las tinieblas, que mi fe se pondría a prueba, como nunca antes, ante una batalla gigantesca contra Satanás, justo aquí en la tierra.

II. SÓLO LA VERDAD NOS HARÁ LIBRES

La travesía por una noticia

Tendré éxito en todo lo que emprenda
y en mi camino brillará la luz.

Job, 22:28

El verano del año 2000 venía caliente. No sólo por esas altas temperaturas que suelen azotar el aire de Miami entre los meses de junio y septiembre, sino también porque mi embarazo avanzaba y Laura Bozzo me seguía dando largas, y no terminaba de concretar la peleada entrevista con Montesinos para mi noticiero nacional. Yo me mantenía firme, mirando hacia arriba, llena de fe en que la victoria era mía; pero, aun para los cristianos, la fe es la batalla más difícil de pelear porque la duda siempre se cuela.

En ese verano ya se venía rumorando en Perú que Fujimori había ganado su reciente reelección de abril gracias al fraude. Su victoria estaba siendo severamente cuestionada y la popularidad de su gobierno se desmoronaba a pasos agigantados.

Laura Bozzo, por su parte, cada día era más popular. Las revistas de chismes y farándula anunciaban la caída del trono de la reina Cristina Saralegui y comentaban las locuras de la escandalosa y polémica conductora peruana que ostentaba un verbo agitado y se autodenominaba "la abogada de los pobres". Por su programa *Laura en América* desfilaban violadores, maridos infieles, padres abusadores, amantes destemplados y todo tipo de personajes que le apostaran al morbo, a la decadencia, a la bajeza humana. En su *show,* la "señorita Laurita" mostraba lo peor de hombres, mujeres y niños con un lenguaje agresivo, desentonado, vil. Lo mismo podía ofrecer dinero a alguien para que pasara su lengua por las axilas de un invitado, que mandarle besos precisamente a Vladimiro Montesinos sin ningún tipo de rubor. Los invitados a su programa eran como ovejas perdidas en busca de un falso ídolo, viviendo en la ignorancia y poniendo sus ojos en los hombres y no en quien está arriba.

Pero era tal el revuelo, la idolatría que Laura causaba en los medios, que Telemundo la invitaba a Miami casi todos los meses a hacer giras promocionales y entrevistas. Y siempre se hospedaba en el mismo sitio: el apartamento de McNamara en Key Biscayne, en el ya mencionado edificio de lujo Ocean Club.

Ese apartamento sirvió como centro de operaciones para que Manuel Martínez y yo nos reuniéramos en varias oportunidades para coordinar la tan ansiada entrevista con Montesinos, con la prometida colaboración de Laura Bozzo. Manny era uno de los "babysitters" de Laura. Era uno de los cuidadores, de los alfiles encargados por McNamara para atender todas y cada una de las necesidades de la señorita, la gran estrella del canal. Estos altos ejecutivos debían lidiar con sus berrinches, sus protestas por la ropa, el maquillaje, los accesorios, la comida. Eran los encargados de la extenuante labor de complacer las demandas exageradas de aquella mujer. Labor, por demás, imposible, pues Laura nunca parecía estar satisfecha. Siempre quería más y, como estaba en la posición de exigir, sencillamente lo hacía. Así que los arlequines de McNamara no podían sino resentirse. Pero por supuesto, la trataban con sonrisas exageradas y cumplidos sembrados en el discurso para, pasara lo que pasara, jamás alterar ni molestar a la reina.

Una de tantas muestras de que la voluntad de su majestad Laura era incuestionable, es que todo lo relacionado con la entrevista de Montesinos debía haberlo coordinado Joe Peyronnin, mi jefe en el noticiero, pero Laura tuvo algún desencuentro con él y no quiso que éste se involucrara en nada. Además, Laura no hablaba inglés y Peyronnin no hablaba español, a pesar de que dirigía el Noticiero Telemundo. Ese hecho para mí era una vergüenza; si el público se enteraba de que nuestro jefe sólo hablaba inglés, dirigiendo un noticiero en español, seguramente se sentiría irrespetado. Sin embargo, era mi jefe, y consideraba mi deber mantenerlo informado. Constantemente le comunicaba en qué *status* estábamos con respecto a la exclusiva.

Manolo Oropeza, el chofer que Telemundo le había asignado a Laura para que se desplazara por Miami, estuvo presente en muchas de estas reuniones de preproducción de la entrevista a Montesinos que hicimos en el apartamento del Ocean Club.

No era sencillo entrevistar a un personaje de la magnitud y con las características de Montesinos. El ratificado jefe del Servicio de Inteligencia Nacional era cada día más impenetrable. Debíamos tener, pues, una estrategia clara, una logística muy bien estructurada y, lo más importante, esperar el momento correcto, la oportunidad ideal. Era un ejercicio de paciencia y perseverancia. Pero Laura nos trataba con evasivas y nos hacía el camino mucho más difícil.

***

Ya comenzaba a frustrarme. Mi única opción era esperar y pedirle al Señor que me acabara de conceder la famosa entrevista. Mucha gente piensa que a Dios sólo se le pide lo importante, lo trascendental, lo de vida o muerte. Pero si la Palabra dice que Él sabe hasta cuándo se cae un pelo de tu cabeza, ¿cómo no va a saber cuánto queremos algo? Y Él ya se había dado cuenta cuánto yo quería encontrarme con Montesinos, porque mis súplicas eran constantes.

Entonces, el domingo 24 de septiembre del año 2000 sentí que se abrió una rendija en el cielo. Estando yo precisamente con Laura en la playa del Ocean Club, ella recibió una llamada alrededor de las dos de la tarde a su teléfono celular. Era Montesinos. La llamaba para decirle que tenía que huir a Panamá ese mismo día, y quería que ella fuera con él.

Aquella mujer se desencajó. Su mirada se volvió acuosa, era una mezcla de niña enamorada con esposa angustiada por el marido preso. La voz se le quebraba mientras hablaba con él y, entre lágrimas, le decía "No puedo, no puedo". Yo, discretamente, me alejé para dejarla hablar en privado. Aquel sol de verano de Miami era parecido a lo que deben de ser las calderas del infierno. Ese sol que derrite los huesos. La conversación entre ellos se prolongaba y yo no podía aguantar más estar de pie. Me refugié bajo una palma pero a la distancia observaba su lenguaje corporal. La esperé dos horas. Dos horas sin explicaciones, sin disculpas, sin entender qué estaba sucediendo. La barriga me pesaba, y la niña se movía. Me imagino que Martina se preguntaba por qué su mamá la hacía pasar por estas cosas. La piel estirada, caliente, me latía. Comenzaba a dolerme la cabeza, a sentir palpitaciones; ya estaba a punto de irme porque no veía fin a aquel diálogo… cuando terminó la llamada y se acercó a mí.

La que se acercó era una Laura que nunca antes había visto: desarmada, alejada de toda pose, de toda prepotencia, de toda soberbia. Destruida por la noticia de que su amor estaba en peligro.

Me dijo que me casara con él, que me fuera a Panamá, que dejara todo… y yo no puedo… no puedo… Me quedé atónita con aquella revelación. Aun cuando podía sospechar que había un vínculo muy fuerte entre Montesinos y Laura, no tenía la certeza de que, definitivamente, eran amantes. O al menos eso creía ella. Ese domingo de verano en Miami, Laura Bozzo la estrella, la conductora, la abogada polémica, la estudiante que casi incendia la universidad, la ex regidora, la mujer escándalo... era sencillamente una mujer enamorada de un hombre prohibido. Un hombre casado[6] y a punto de convertirse en un fugitivo de la justicia peruana. Era como un mal chiste del destino que, tal vez, lo que tanto ella hubiera deseado, esa petición de matrimonio, llegara junto con una súplica de abandonarlo todo por él. Según ella, él le rogaba dejar esa carrera que tanto le había costado construir y que avanzaba hacia la cumbre en Estados Unidos, para huir con él hacia Panamá.

Yo, en ese momento, me olvidé del periodismo y del embarazo. Mi corazón se llenó de verdadera compasión y la abracé. Aunque podría pasar por hipocresía, el ser cristiano significa tratar a otros como Jesús trató a la mujer apedreada por cometer adulterio: con compasión. Así que traté de calmarla, de consolarla. Allí no había poses, ni mentiras. Fue la única vez que vi a Laura completamente desnuda de alma. Estaba desesperada, no sabía qué hacer. Se sentía dividida entre el amor y la devoción a este hombre, y su carrera.

En ese momento entendí por qué tanto entusiasmo de Laura por Montesinos, más allá de ideologías políticas, de su abierto apoyo hacia el dictador Fujimori, a quien ella llamaba públicamente "el chino". Vinieron a mi memoria los comentarios de la prensa peruana preguntándole insistentemente a Laura por Montesinos. Recordé aquel programa dedicado a la paternidad irresponsable y que había servido como excusa para presentar ante todo el país a Zaraí, hija ilegítima de Toledo con Lucrecia Orozco, escándalo que causó no sólo el desprestigio del entonces candidato, sino que aceleró la tercera reelección de Fujimori. Recordé haber leído algo sobre Laura disfrazada de Elvis Presley en un teletón en Perú, cantándole el *Rock de la Cárcel* a Montesinos. Todo tuvo sentido. Después de todo, Laura tenía una debilidad: el amor. Inadecuado, criticado, desproporcionado, como todo lo que tiene que ver con ella, pero amor al fin. Un amor, eso sí, que le costaría la libertad y su fortuna.

Ella se destapó conmigo, me habló de la relación entre ellos, me reveló detalles íntimos que yo por supuesto no comenté jamás con nadie, hasta hoy. Las confesiones que un ser humano le hace a otro en un momento de desesperación son sagradas.

Nunca me pasó por la mente que esa mujer me haría pagar tan caro el que yo manejara tanta información. Datos que ella misma me había dado ese instante en el que reveló demasiado de sí misma, perdió la compostura y se atrevió a bajarse del trono, a ser humana, a sentir. Un instante en el que yo le tendí la mano porque Dios nos enseña a amar al prójimo. Ella después me traicionaría sin piedad alguna, pero no importa: la Biblia nos enseña que si eres sabio, tu premio será tu sabiduría, y si eres insolente, sólo tú sufrirás. En ese momento era inimaginable para ella cuánto sufriría.

En aquel momento no pensé siquiera en las implicaciones que tendría para Laura su relación con Montesinos. Yo estaba ante una inmensa noticia: el gobierno de Fujimori se caía, su hombre fuerte salía huyendo, y yo sólo sentía una inmensa pena por aquella mujer tan desmoronada como el propio gobierno del Perú. Se le había caído el castillo, la ilusión. Y aunque no era mi amiga, ni teníamos en común más que la empresa para la que ambas trabajábamos, una palabra de aliento y solidaridad no se le niega a nadie.

Me quedé con ella todo lo que pude. Caminamos por la playa, nos tomamos un refresco, la escuché, dejé que se desahogara y me aseguré de que recuperara la calma antes de dejarla sola en su hospedaje de cinco estrellas. En su reino de oropel. En su delirio de amor y poder.

Me fui a la casa absolutamente agotada, aturdida, con una nueva perspectiva de los hechos en la cabeza.

***

Montesinos se tenía que ir del país porque había un video que lo mostraba literalmente "con las manos en la masa". La cinta mostraba al hombre fuerte en una sala del llamado "búnker" entregando dinero a un congresista opositor del Perú. Aquellas imágenes le dieron la vuelta al mundo. Eran apenas la punta del iceberg de una nauseabunda y maloliente maraña de corrupción, mafia, chantajes, narcotráfico y paramilitares que le costaría la presidencia a Fujimori. Una maraña con hilos muy largos, que alcanzaría finalmente a Bozzo, y hasta a mí, que era absolutamente ajena a todo aquello. Lo único que me unía a Laura y a Montesinos era mi afán periodístico, mis ganas de obtener una exclusiva.

Así pues, Montesinos llega a Panamá y pide a su presidenta, Mireya Moscoso, asilo político. El valor periodístico del ex hombre fuerte del Perú iba en aumento.

Desde que Montesinos se muda a Panamá, Laura empieza a venir más a Miami. Desde el apartamento de McNamara en Key Biscayne podía llamar a Panamá y hablar con Montesinos libremente, sin miedo a que la justicia peruana escuchara sus conversaciones. En ese momento Montesinos comenzaba a ser investigado por delitos muy graves, y ella quería mantenerse lejos de esas investigaciones.

Ante la opinión pública, Bozzo declaró estar "decepcionada" de Montesinos y marcó una estratégica distancia tanto de él como de Fujimori. Sin embargo, en Miami, las cuentas de teléfono que le llegaban a McNamara mientras Laura se hospedaba en su apartamento mostraban las interminables llamadas desde y hacia Panamá, reflejo de la comunicación constante que Bozzo sostenía con su ahora cuestionado amor.

Entre tanto, el interés que teníamos mis jefes y yo por conseguir una entrevista con Montesinos obviamente había crecido. Comenzamos a hablar de organizar el encuentro en Panamá. Laura nos dijo que sí, que eso era perfectamente factible. Que ella podía arreglarlo para nosotros.

Laura no parecía estar consciente de las dimensiones del enredo legal en el que estaba metido su hombre. No presentía el tamaño de su desgracia. Hablaba con él frecuentemente y, según lo que declaró el chofer Manolo Oropeza tiempo después, estaba averiguando precios de aviones privados pues quería ir a Panamá de incógnito. No podía darse el lujo de viajar en una línea comercial y llegar a ese país sin ninguna excusa. La prensa peruana de inmediato se pondría suspicaz y la asociaría con Montesinos. Laura necesitaba una coartada para hacerle una visita a su amado sin levantar sospechas. Manolo le comunicó que el alquiler de un avión privado no costaba menos de treinta mil dólares.

Entonces Bozzo comenzó a interesarse más por el tema de la entrevista. Y en octubre, después de cuatro meses de evasivas, súbitamente me dijo: *Nos vamos a Panamá. Vladimiro te va a dar la entrevista. Habla con el canal para que arregle todo.*

Yo tenía casi ocho meses de embarazo; era una locura montarme en un avión. El ginecólogo me dijo que no lo hiciera. El peligro estaba en que se podía romper la fuente por la presión de la cabina del avión. Pero, a estas alturas, yo no podía dejar de ir a Panamá por miedo a que algo malo pudiera pasar. Yo sabía qué hacer: ir directo al Creador de esa vida y pedirle que la aguantara dentro del líquido amniótico y que no la dejar salir. Parir en un avión es un cuadro espeluznante. Yo sabía que me estaba exponiendo, pero cuando hay fe no hay miedo.

Hablé con McNamara para que nos financiara el viaje. Él se mostró algo preocupado por mi condición pero aceptó; entendía la magnitud de la noticia y lo beneficioso que sería para el canal obtener esa exclusiva. La prensa internacional había tratado de dar con el paradero de Montesinos dentro del territorio panameño sin éxito alguno.

Obviamente, era un personaje muy vistoso y con muchos enemigos, y al haber solicitado asilo político el gobierno de Panamá lo mantenía oculto para proteger su integridad física. *Pero Laura Bozzo nos asegura que ella sabe dónde está*, le dije al presidente de Telemundo. *Nos ha garantizado la entrevista*. Así, empeñé mi palabra contando con la de Laura. No pude cometer un error más grande.

McNamara accedió a pagarnos el viaje y, de inmediato, nos pusimos a trabajar. En mi estado no podía darme el lujo de esperar.

La secretaria de Manny, el vicepresidente de Producción, coordinó todo: nos reservó pasajes en primera clase con American Airlines, habitaciones de lujo en el Hotel Bristol, y habló con Diosdado Atenógenes Rodríguez, gerente general del Canal 13 de Panamá, que retransmite la señal de Telemundo localmente, para que nos pusiera a la orden un camarógrafo. Por supuesto, no podíamos decir que íbamos a entrevistar a Montesinos. Así que pocos éramos los que teníamos conocimiento de los verdaderos motivos de nuestro viaje a Panamá.

A Laura le preocupaba mucho que la prensa le preguntara sobre su presencia en Panamá. En ese momento, su programa no era transmitido en ese país, así que había que justificar de alguna manera su presencia. Pero eso lo pensaríamos después. En un principio yo no le dije al gerente de Canal 13 que Laura Bozzo iría conmigo a Panamá.

Antes del viaje ella estaba muy ansiosa. Un día me preguntó si yo conocía a alguien en Panamá. Le dije que sí, que conocía al embajador de los Estados Unidos en aquel país, el señor Simón Ferro. A ella se le iluminaron los ojos y se empeñó en conocerlo. Yo la verdad pequé de ingenua, y no entendí el interés exacerbado de Laura por Ferro. Luego comprendería que Montesinos había dado la orden de que, a través del embajador, ejerciera presión al gobierno panameño para que le concedieran el asilo.

Al fin llegó el día en que nos iríamos a Panamá: era viernes 20 de octubre de 2000. Dejé todo organizado para que mi hija Nicoletta, de año medio, se quedara con su papá y su nana. No me gusta separarme de mis hijas, hoy en día es un precio que pago pocas veces. Pero en este caso eran sólo 72 horas, así que me despedí de mi bebita y me dispuse a conseguir la tan ansiada entrevista. Antes de montarme en el avión, me arrodillé, envié a mi espíritu ante el Trono de la Gracia, donde según la Biblia vive el Altísimo, y le di las gracias porque no iba a parir en el avión y porque conseguiría la entrevista. Los cristianos damos gracias por adelantado. Estamos seguros de que las oraciones nunca regresan vacías.

La reina Laura pasó a buscarme por mi casa. Yo vivía también en Key Biscayne, y por lo tanto estábamos cerca. Llegó en su limusina, como siempre, conducida por el amable Manolo. Él, muy diligente, se bajó a ayudarme. Llegué a la puerta, acompañada por mi querida empleada nicaragüense, Isolina, quien hasta el sol de hoy es parte de mi familia. A pesar de que mi barriga no era muy grande, ya me costaba un poco caminar, y mucho más cargar maletas. Isolina quería conocer a Laura. Pero ella estaba allí sentada, en el puesto de atrás, forrada de negro, con unas gafas de sol que jamás se quitó, y una actitud de diva que le impidió siquiera sonreírse a través del vidrio. Nunca subió la mirada para saludarme o ver cómo me acomodaba en el carro. Hojeaba una revista con absoluta displicencia, y apuró a Manolo con su ya acostumbrado tono despótico. Recuerdo la cara de Isolina. La decepción en su rostro: *No se preocupe, señora María Elvira... en otro momento será. Ella se ve ocupada ahora.* Ocupada no, acomplejada.

Y es que Laura estaba acostumbrada a tratar a la gente según su jerarquía, y dependiendo de lo que podía conseguir de cada quien. A mí me trataba con amabilidad porque yo era una figura de Telemundo; sin embargo, ya para la época del viaje a Panamá Bozzo había cambiado conmigo. Se mostraba más altanera. Sabía que tenía un gran poder dentro del canal. El poder que otorgan los números del *rating*, el que seduce a los ejecutivos.

Abordamos el avión y, en ese vuelo de una hora, yo no dejaba de pedir al cielo: *Señor, por favor, que esta fuente no se rompa, te lo pido en el nombre de Jesús, tu hijo Santo. Acuérdate que yo soy hija tuya, y tú tienes compasión con tus hijos...* En fin, creo que repetí cuanta frase bíblica me sabía de memoria. Al cabo de un rato Laura se puso a conversar conmigo, se abrió nuevamente. Obviamente, dentro de todo su poder y su fama, era una mujer muy sola. Me contó, entre otras cosas, que Vladimiro le había regalado un collar de oro de 18 quilates con incrustaciones de brillantes. Para ella, este regalo había sido una prueba de amor. Para el jurado que años más tarde la acusaría de peculado la joya se convirtió en una prueba del vínculo turbio entre Montesinos y Bozzo, vínculo que ellos tanto intentaron negar.

Me habló también del ahora famoso "búnker" de Montesinos: un refugio subterráneo que el hombre mantenía para protegerse de los ataques terroristas... y para ejecutar sus chantajes y trampas. Allí, supuestamente, ella lo visitaba frecuentemente y se quedaba a dormir. *Lo único que quiero es que viva un poco,* me decía. *Ese hombre es mi vida.* Una noche, según ella, había tratado de llevárselo a comer helado. Pero fue imposible. De inmediato los reconocieron, por muy camuflados que intentaron salir. *Pero pude llevarlo a una librería.* Nuevamente, la diosa del *talk show,* la dueña de las tardes, me hablaba desde su alma, desde su lado humano. Parecía una colegiala.

Más tarde, cuando se supo que Montesinos vivía con una amante "oficial" desde hacía ocho años, y que incluso se la llevó con él a Panamá, sentí lástima por Laura. Para mí se hizo evidente que aquel hombre se estaba aprovechando del poder de la pantalla de Bozzo. Le llenaba la cabeza con frases baratas de folletín para hacerla caer rendida a sus pies, y ella, seducida también por el poder, obviamente se creía el cuento. La realidad, como salió a relucir más tarde, era que desde el mismo 24 de septiembre de ese año, cuando Montesinos le pidió a Laura que se fuera con él, ya Jacqueline Beltrán, la amante oficial del político, estaba instalada en la república centroamericana con su hombre. Ambos, en pocas palabras, se burlaron de Laura, que hizo lo imposible por irse a Panamá a atender la llamada desesperada de su amado. Por algo dice la Biblia: *Cuida tu corazón, porque de él mana la vida.*[7] Y éste es un mandato que, en especial las mujeres, deberíamos grabarnos a fuego en la frente.

Cuando Laura me hablaba, en aquel avión, de Montesinos, parecía otra persona. Se la veía frágil, ingenua. Nada que ver con el monstruo farandulero, con el fenómeno mediático. Yo percibía por sus cuentos que, en el fondo, aquélla era una mujer llena de complejos que creció sintiéndose el patito feo. La fama y el poder la habían convertido en un cisne. Y que ahora el verdadero hombre detrás del poder peruano durante los últimos diez años, el rey del país, el dueño de las conciencias la hiciera sentir necesitada e importante, era demasiado para ella.

La oía hablar y pensaba: *La pobre, qué falta de sabiduría tiene.* La sabiduría para discernir entre la verdad y la mentira. Esa sabiduría que le pidió Salomón a Dios para saber gobernar. Ésa es la más escasa entre los humanos, la sabiduría que no tiene nada que ver con la inteligencia académica, sino con el espíritu cuando uno está conectado al de Él.

Hacia el mediodía del 20 de octubre el avión aterrizó en suelo panameño y nos fuimos a buscar nuestro equipaje. Yo llevaba sólo una pequeña maleta de rueditas, pero Laura, como buena "prima donna", llevaba varias maletas. Al ver que nadie se acercaba a ayudarla, me dijo a mí, que venía arrastrando mi barriga y mi maletica a duras penas, agradeciendo al Señor no haber dado a luz en el aire: *Anda, ayúdame con las maletas*. Yo no pude sino reír de aquella ocurrencia tan fuera de lugar, y que dice tanto de la personalidad de esta mujer. Le dije: *Si casi no puedo cargarme a mí misma, ¿cómo voy a poder con lo tuyo?*

Apenas dejamos el equipaje en el hotel, nos fuimos directo a ver a Simón Ferro. El embajador nos atendió muy amablemente, nos mostró la residencia oficial. Se quedó impresionado cuando me vio embarazada. Yo lo conocía muy bien, pero nunca había visitado la embajada, así que el encuentro fue muy grato. Recuerdo que le dijo a Laura: *Mi mamá es su fan*. Ella rió encantada, haciendo gala de esa simpatía que deja ver cuando le conviene. Simón me apartó a una esquina para preguntarme el motivo de nuestra visita, y le conté. Él pareció preocupado: una mujer con ocho meses de embarazo no debía andar montándose en aviones para hacer entrevistas. Bromeamos con el tema y continuamos conversando en un tono relajado. Laura, empero, estaba nerviosa. Veía la hora, me insistía en que tenía que hablar a solas con Ferro. Cuando se dio cuenta de que no iba a ser posible, me dijo: *Pregúntale si cree que a Vladimiro le darán asilo*. Yo le comenté a Ferro la inquietud de Laura, y él me dio su opinión no oficial: *Esos procesos tardan, pero mi recomendación es que se quede tranquilo. De aquí nadie lo va a sacar.* Montesinos, al parecer, estaba angustiado pensando que en cualquier momento lo deportarían y se vería obligado a encarar a la justicia peruana. O, sencillamente, eso de "esperar" era demasiado pedir a un hombre autoritario, acostumbrado a hacer las cosas a su manera y en sus términos.

Regresamos al lujoso y señorial Hotel Bristol de la ciudad de Panamá. Yo estaba agotada, pero el tiempo corría y había que concretar la entrevista, así que ni me fui a descansar. Le pedí a Laura que llamara a sus contactos para cuadrarlo todo. Había que ponerse de acuerdo con el camarógrafo del Canal 13, tener las cámaras listas. Ella llamó delante de mí al hombre de confianza del ex jefe de la SIN.[8] Ese hombre —se sabría años después, durante el juicio que se le siguió al propio Montesinos— era Pedro Huertas Caballero, asesor legal del SIN, que estaba en Panamá haciendo las veces de chofer, asistente, mandadero y lo que fuera necesario. Huertas le dijo a Laura que se alistara, que él mismo la iría a buscar.

Yo veía el ansiado encuentro cada vez más cerca. Pedimos algo sencillo de comer a la habitación y entonces Laura llamó a su secretaria de Perú, a Ximena, para que la pusiera al día.

De pronto, empecé a escuchar gritos. Laura estaba alteradísima, casi no podía hablar, el rostro se le había enrojecido y se atropellaba con improperios al teléfono: *¿Qué video? ¿Qué video? ¡Averigua! ¿Cuándo va a salir ese video? ¿Quién sale? ¿Quién?*

Ximena le había contado que Jaime Bayly acababa de anunciar en la televisión nacional de Perú que él tenía videos importantes y reveladores relacionados con el caso de Montesinos.

Laura estaba absolutamente en pánico. Ella sabía que su "Vladi" era un hombre que lo grababa todo y, para ese momento, ya el torcido hábito de su amor se conocía en el mundo entero. Ya le había costado el cargo, la reputación y la caída del gobierno. Pero Laura temía que se hubiera atrevido a grabar escenas íntimas entre ellos: *Él lo graba todo, todo. Pero no, no, no. No creo que se haya atrevido a tanto. ¡No!*

Caminaba por la habitación en un estado de demencia incontrolable. Histérica, como si se le fuera a salir el alma. Agitaba los brazos al aire. Dialogaba con ella misma, era un vértigo, un huracán de visiones apocalípticas. Laura estaba mareada de sólo pensar que Montesinos hubiera sido capaz de una bajeza semejante. Pero, dados los antecedentes, todo era posible. Así que aquella mujer estaba fuera de sí, sintiéndose de antemano traicionada y vulnerada en su intimidad. Y además, aterrada de que Bayly pudiera ahora sacar esos videos al aire. Su carrera podía estar a punto de terminar.

Como pudo, se calmó. Hablamos sobre los diversos escenarios. Yo traté de que se enfocara en la entrevista. Otra distracción en este momento era lo menos que necesitaba. Ya de por sí estábamos en terreno minado, para que ahora nos explotase otra bomba en la cara.

Finalmente, vinieron a buscarla. Se despidió de mí asegurándome que, al día siguiente, yo iría con ella. Esa noche ella necesitaba hablar con Montesinos a solas.

Yo no podía dormir. Me puse a revisar mis preguntas una vez más. Veía el reloj como si en cada minuto pudiera forzar el tiempo. Como siempre que me metía en una de estas difucultades, empecé a orar con vehemencia: *Yo reclamo las promesas que hay en la Biblia para mí, yo reclamo la frase que dice: Somos más que vencedores en Cristo Jesús*. La realidad es que cuando uno ora con profunda convicción siente la paz que trasciende el intelecto y llega al corazón.

Era la media noche cuando Laura me llamó: *Mañana. Vladimiro te va a recibir mañana.*

Yo no le pregunté nada personal, me parecía muy poco delicado. Me limité a llamar a Diosdado para que nos mandara un camarógrafo a primera hora del sábado.

Pero ella, de pronto, empezó a preocuparse nuevamente. *¿Qué va a decir la prensa peruana*? En ese momento yo no tenía respuesta para esa pregunta, así que me acosté para dormir al menos unas seis horas. El sábado sería un grande y largo día.

En la mañana, me despertó la llamada de Diosdado, el gerente del Canal 13. Quería que le hiciera un favor: que le grabara un saludo para el Telemaratón Anual de Recolección de Fondos para la Fundación "Cinta Morada", de ayuda a las mujeres maltratadas en Panamá. Yo, por supuesto, le dije que sí, que con muchísimo gusto. Él se había mostrado tan amable y solícito conmigo, que era lo menos que podía hacer. Además, la causa me parecía noble y valiosa.

Cuando el camarógrafo llegó al hotel le dije que hiciéramos el saludo antes de cualquier otra cosa. En ese momento Laura se acercó. El camarógrafo la reconoció, a pesar de que su *show* ya no se veía en aquel país, y me preguntó qué hacía allí. Entonces ella, muy astuta, brincó y le dijo que había viajado conmigo para grabar el saludo para el Telemaratón de la Cinta Morada. La coartada perfecta para justificar su presencia en Panamá había aparecido de golpe y de mi mano.

Años más tarde, cuando testificó ante la justicia peruana por el caso Montesinos, Laura afirmó bajo juramento que la única, "única, única" razón que la había llevado a Panamá era grabar aquel saludo para el Telemaratón de Canal 13, un canal que retransmitía la señal de Telemundo y que en un momento dado presentó su *show*, aunque lo habían sacado del aire por falta de *rating*. En Panamá, Cristina seguía gustando más.

Jim McNamara y Manuel Martínez corroboraron esta afirmación frente al juez peruano Saúl Peña Farfán, meses después y bajo juramento.

Al fin, llegó el chofer que supuestamente nos llevaría con Montesinos. Yo me preparé para salir, pero ella me detuvo: *Déjame ir yo primero, y te aviso cuando esté todo listo para que vengas con el camarógrafo*. Yo respiré profundo, y acepté. ¿Qué más podía hacer? ¿Pelearme con ella? No. No era el momento de hacerlo.

Me disculpé con el camarógrafo y le dije que lo llamaría después. El camarógrafo no tenía idea de a quién íbamos a entrevistar, obviamente. Me quedé con sus teléfonos y me fui a mi habitación para seguir repasando mis preguntas, con las piernas en alto y tratando de conservar la calma y la fe.

Los minutos pasaron. Las horas. El día del sábado completo y ni una llamada, ni una señal. Nada. Yo no pude siquiera probar bocado aquel día, la ansiedad no me dejaba. La incertidumbre.

Finalmente, a eso de las ocho de la noche, tocaron la puerta de mi habitación. Me apresuré a abrir y allí estaba ella. Distante, fría, parada en el marco de la puerta de mi habitación.

—¿Qué pasó? —le pregunté—, ¿vamos?

—No, no. No vamos para ninguna parte. Vladimiro no te quiere dar la entrevista. Dice que éste no es el momento. Está preparando su viaje de vuelta a Perú.

No te va a dar la entrevista. Así, sencillamente. Sin ninguna contundencia, sin un mínimo de vergüenza. Bozzo se había burlado de mí, de la empresa, del equipo. Había pasado por encima de mi condición de periodista, de mujer embarazada, de profesional y de compañera de labores con un descaro olímpico y sin mostrar el menor signo de arrepentimiento.

Abrí los ojos de manera descomunal, pensé que se saltarían de sus cuencas. *¿Pero cómo?* —recuerdo que atiné a pensar—. *Y ahora... ¿qué le decimos a McNamara?* Nunca me había sentido tan impotente, tan llena de ira, tan burlada.

Pero no había forma, al menos inmediata, de remediar la situación. Además, Laura conocía el paradero de Montesinos. Sabía con quién había que comunicarse para llegar a él. Yo no podía perder los estribos. Creo que si yo no hubiese sido la mujer controlada y creyente que soy, probablemente la hubiera agredido. Era lo menos que se merecía. Estaba jugando un juego burdo, maquiavélico. Me había usado como a un trapo, y ahora me desechaba. ¿Cómo se responde a alguien así?

Y lo peor del caso era que, en ese momento, yo no tenía ni la más remota idea de que todo esto apenas comenzaba. Recordé las palabras de la Biblia: *El diablo es como un león rugiente tratando de devorar a todo el que pueda.*[9] Todavía no estaba consciente de que yo sería una de las devoradas.

III. LA LLAMADA MISTERIOSA

Una voz del infierno

Mira que te mando que te esfuerces y seas valiente;
no temas ni desmayes, porque Jehová tu Dios
estará contigo en dondequiera que vayas.

Josué, 1:9

Soy fuerte, pero no violenta; aun en las peores situaciones, cuando tengo ganas de "matar a alguien", me dejo guiar por la razón más que por los sentimientos. El diálogo y la palabra son las mejores armas para defenderse. Además, si digo que soy cristiana lo menos que debo hacer es practicarlo. Jesús era suave y hablaba bajito.

Sin embargo, aquel sábado 21 de octubre del año 2000 en Panamá, embarazada de treinta y cuatro semanas, con las piernas hinchadas, el corazón paralizado por la espera y de pie frente a una Laura Bozzo que, tranquila y deportivamente, me decía: *Montesinos no te va a dar la entrevista, no quiere, dice que no es el momento*, lo cierto es que creí que la mataba. Había estado todo el día esperándola con el camarógrafo a punto, las preguntas listas, todo preparado para la entrevista que llevaba medio año esperando. Me había comprometido con el canal, con mis jefes, conmigo misma. Sabía, además, que ésta podía ser mi última oportunidad: él tendría que enfrentar a la justicia en Perú, y yo tendría que enfrentar el parto.

Ella hablaba y hablaba mientras yo sentía un vapor subiendo por mi cuerpo. Su voz sonaba lejana: *Él me dijo que estaba muy nervioso, que no podía dártela, pero que prepares tu pasaporte, que él se va a Perú en las próximas horas*, me decía atropelladamente, con su voz altisonante, destemplada.

Yo caí anonadada en la cama. Muda. Sin saber qué decir, cómo reaccionar. Con una mezcla de náusea e incredulidad en la boca. Respiré, respiré mucho. Traté de calmarme como pude, por la niña que estaba en mi vientre, por mi propia salud mental. *Señor, haz que no le escupa, la golpee o la mate*, me repetía mentalmente. Pero la sensación de burla, de engaño, me quemaba la piel.

—¡Qué vergüenza! ¿Qué le voy a decir a la empresa? ¿A McNamara? ¿A Peyronnin? ¿Cómo les explico este gasto inútil, este viaje absurdo? —atiné a decir con un hilo de voz. ¡Qué vergüenza!

—Yo les explico, no te preocupes, déjalo todo en mis manos y cálmate. La semana que viene nos vamos a Perú —me contestó ella con su hablar acelerado.

—Yo no puedo viajar a Perú la semana que viene —grité—. ¡Tengo treinta y cuatro semanas de embarazo! No puedo volver a arriesgarme a dar a luz en un avión!

Ella se quedó callada por un momento, parada en la puerta. Yo reaccioné, me levanté, tomé fuerzas y, lo más serenamente que pude, le dije que aquello era un descaro.

—Yo me voy mañana en el primer vuelo. Después hablaremos —le solté, a modo de despedida. Cerré la puerta tras de mí y comencé a sentir que la habitación daba vueltas.

Había arriesgado mi embarazo, había puesto en peligro la vida de mi niña, para nada. Además le había dado mi palabra a Telemundo, todo confiando en Laura Bozzo. Me sentí culpable y a la vez víctima. Pensé en mi reputación, en mi carrera, en todo lo que estaba en juego. Aquella mujer se había burlado descaradamente de mí y de la empresa para la que trabajábamos. Me había utilizado y lo peor del caso es que yo se lo había permitido. Había creído en ella a pesar de la fama polémica y turbia que la precedía.

Nunca antes me había pasado algo como eso en toda mi carrera periodística. En ese momento me acordé de lo que dice la Biblia: *Déjame la venganza a mí que yo haré justicia.*[10] Pero hazla rápido, Señor, era lo único que atinaba a pensar.

Llamé a casa y hablé con Renzo, el padre de mis hijas. Me desahogué. Le dije que todo era una mentira. Que no se iba a dar la entrevista y que tal vez ella lo supo desde el principio. En ese momento me sentía tan burlada que desconfiaba de todas sus acciones. Sin embargo, no podía yo quemar las naves ahora. Había luchado, arriesgado mucho e invertido largo tiempo para echar ahora por tierra todo mi esfuerzo. Ella seguía siendo el único puente con Montesinos, uno de los prófugos internacionales más importantes del momento.

Todos los periodistas del planeta deseaban una entrevista con el hombre terrible, el hacedor de Fujimori. Mucho más, después de ese septiembre fatídico para él y para la misma Laura, cuando salió a la luz pública el primer "vladivideo" en el que se le veía sobornando con quince mil dólares al congresista de la oposición Alberto Kouri. Si durante los diez años de mandato de Fujimori Montesinos representó un atractivo para la prensa, ahora su valor periodístico se incrementaba cada vez más. A un mes del escándalo del video salían a relucir oscuros secretos de su pasado: vínculos con la CIA, con el narcotráfico y con los paramilitares. Y aún no había sido condenado por los tribunales de su país. En fin, aquel personaje era digno, no sólo de una exclusiva, sino de una serie. Y yo, de alguna manera, estaba sólo a un grado de separación de él, así que definitivamente no podía rendirme. Dice el Supremo: *Al de carácter firme lo guardarás en perfecta paz, porque en ti confía.*[11] En ese momento, ¿en quién más podía confiar?

Así que al día siguiente, ya más tranquila y con la cabeza fría, saludé a Laura y le dije que comenzara desde ya a tramitar ese encuentro con Montesinos en Perú. Ahora estaba dispuesta a seguirle el juego hasta donde fuera necesario para lograr mi objetivo, más tarde o más temprano. Si había que resistir más tormentas lo haría con la ayuda del Poderoso que me acompañaba. Yo sabía que Él me haría encontrar la luz en medio de aquel túnel oscuro y rodeado de demonios.

Ese domingo 22 de octubre en la mañana regresamos a Miami. Laura me contó en el avión que Montesinos se estaba regresando a Perú para dar un golpe de Estado que, por cierto, jamás ocurrió.

Nunca se sabrán, pues, las verdaderas razones por las que Montesinos viajó de regreso a Perú. No le habían negado el asilo, pero él temía que esto sucediera. Estaba acostumbrado a que las cosas se hicieran a su manera y en su tiempo; no aguantó la incertidumbre, la espera. Se dice que la presidenta de Panamá, Mireya Moscoso, habría negociado su traslado al Ecuador.

Se ha comprobado que el día 22 de octubre de 2000, a las 6 y 39 minutos de la tarde, el ex jefe del Servicio de Inteligencia Nacional del Perú y ex asesor presidencial partió de Panamá en una avioneta privada. Aterrizó en Quito pero no lo dejaron pisar tierras ecuatorianas. Lo declararon "persona no grata" en ese país. Así que, después de recargar el avión con gasolina y víveres, el temible fugitivo no tuvo más remedio que regresar a Lima.

Mi amigo Simón Ferro, el embajador de Estados Unidos en Panamá, envió un reporte a la Casa Blanca informando sobre el hecho. En el documento nos menciona a Laura y a mí, que coincidentemente estuvimos en Panamá justo en esos días y que dejamos el país la misma fecha que Montesinos. Años después, la justicia peruana sospecharía que Laura habría tenido algo que ver con la huida de Montesinos, que fue a Panamá a buscar algunos documentos que al ex asesor no le convendría portar. Yo jamás pensé que estaba demasiado cerca de una mujer tan complicada en asuntos ilícitos.

Jamás me pasó por la mente que aquella maleta, que ella llevaba con tanto celo, podía contener más que frivolidades.

Después de ese episodio yo no quería seguir dándole vueltas al tema del engaño. Si ella supo o no desde un principio que Montesinos no me daría la entrevista, no era lo más importante ya. Yo tenía un objetivo preciso y no iba a permitir que las bajezas de Laura me apartaran de mi camino. Tampoco permitiría que la rabia me consumiera. Habría sido una estupidez. La Palabra dice que *el resentimiento mata a los necios, la envidia mata a los insensatos.*[12] Y yo no me considero entre ninguno de los dos.

Tiempo después, el noble Manolo Oropeza, chofer de Laura en Miami, me contó que él siempre sospechó que la entrevista no se daría. Era sólo una excusa, una coartada de ella para justificar su viaje a Panamá y así poder encontrarse con su amado Vladimiro, quien siempre estuvo en aquel país acompañado por su amante "oficial" Jacqueline Beltrán. Si Laura me había engañado y utilizado a mí, igual Montesinos la habría engañado y utilizado a ella. Aquello era una cadena de mentiras y miserias, y yo era el último eslabón.

El lunes 23 a primera hora de la mañana me presenté en la oficina de McNamara. Le dije lo que había pasado y también lo que pensaba: que todo aquello había sido una mentira. Le conté con detalles cómo se había comportado Laura. Yo estaba muy apenada: solamente los gastos de teléfono ascendían a dos mil quinientos dólares. Le presenté todas las facturas y le comenté que aquello me parecía una burla, pero que Montesinos se había marchado al Perú y que yo iba a tratar de lograr una entrevista con él en su país a como diera lugar.

Para mi sorpresa, la reacción de McNamara fue de poca preocupación. Era como si no le importara si conseguíamos la entrevista o no. Para él, lo único verdaderamente importante era mantener contenta a Laura: la mujer *rating*, la estrella de Telemundo, la reina del negocio. Si ella quería ir ahora a Perú, perfecto. Si de ese viaje sacábamos además una entrevista atractiva para el noticiero del canal, mucho mejor. Pero si no se conseguía la dichosa exclusiva, el mundo no se paralizaría.

Yo, sin embargo, por correcta, o tal vez por ingenua, me sentía mal debido a la inversión que había hecho la empresa en la entrevista. No sólo el viaje, sino las llamadas desde el apartamento de McNamara. Aquello era mucho dinero. A mí por supuesto me reintegraron todo lo que pagué. Al parecer, la única preocupada porque no habíamos conseguido la exclusiva era yo. No hay peor sordo que el que no quiere oír. Y al parecer, nadie quería escucharme.

Llamé a Laura un par de veces como para emplazarla: *Ajá, acá tengo mi pasaporte listo. ¿Cuándo es que nos vamos a Perú? Mira que me queda poco tiempo, doy a luz en 20 días.* Ella, por supuesto, nunca concretó entrevista alguna. De Montesinos no se sabía absolutamente nada. Las autoridades peruanas no daban con él. Era como si se lo hubiese tragado la tierra.

La realidad era que, como se supo tiempo después, Montesinos se había escapado del Perú el 29 de octubre, apenas una semana después de su llegada. Partió en velero rumbo a las Islas Galápagos, de allí se fue a Isla Cocos y después a Costa Rica.

Por su parte, Fujimori se había ido a Brunei el 13 de noviembre y de ahí a Japón, desde donde anunció su renuncia a la Presidencia del Perú en medio del más histórico escándalo de corrupción y abuso de poder del siglo, y dejando un país escaldado por la desconfianza, la traición y el engaño.

Montesinos viajaría en esa época a Aruba y finalmente, en diciembre de 2000, llegaría clandestinamente a Venezuela con un pasaporte falso y acompañado por una mujer llamada Emma Aurora Mejías.[13]

Ese mismo diciembre nació mi hija Martina, cuidada por la mano de Dios: sana, rozagante, llena de vida. Para ese entonces le había perdido la pista a Laura, a Montesinos, al canal. Yo estaba metida en mi mundo, amamantando, feliz, plena, desconectada de toda realidad y, más aún, de toda maldad.

De pronto, en enero, recibí la llamada de una alteradísima Laura: la justicia peruana había apresado a Jacqueline Beltrán, la ya nombrada amante "oficial" de Montesinos, y su relación de ocho años salía a relucir, destapando una caja de más y más mentiras, más engaños y más inmoralidad cada vez. La prensa peruana se encargaba de dar detalles de la relación del ex asesor con quien fuera su secretaria en el

SIN: una mujer hermosa, veinticinco años menor que él, a la que Montesinos, supuestamente, rendía pleitesía. Se descubrieron propiedades a su nombre y a nombre de su familia; también una casa en la Playa de Arica en Perú que, según los medios peruanos, servía como "nidito de amor" a los amantes y ostentaba fotos gigantes de la sexy Jacqueline.

Laura por supuesto estaba indignadísima con todo aquello. Se sentía vejada, engañada, usada. Yo oré al Señor para que aquella desolada mujer hallara algo de paz en su corazón. Pero es muy difícil para un corazón impío encontrar la paz. Durante su monólogo, Laura jamás me preguntó sobre mi bebita recién nacida, ni habló de otra cosa que no fuera ella misma y lo destrozada que estaba por el engaño de su Rasputín.

Yo entendía aquella ira. Mientras Jacqueline Beltrán gozaba de la buena vida, viajando por todo el mundo con pasaportes falsos, Laura recibía las migajas que le daba este perverso hombre en la oscuridad y el ostracismo de aquel "búnker", que era además su centro de operaciones para el chantaje y la extorsión. La joven y bella Jacqueline Beltrán era el trofeo de Montesinos. Laura Bozzo en cambio, con sus cincuenta años y sus fracasos amorosos a cuestas, era para aquel hombre sólo el puente para llegarle al pueblo, una herramienta mediática, un objeto desechable.

De paso, para mayor amargura de Laura, Jacqueline decía que ella no era la "amante", sino la "esposa moral" de Montesinos. Eso sí: su relación le costó la libertad. Estuvo cinco años presa en la cárcel de Santa Mónica en Chorrillos, alejada de su único hijo, por complicidad en actos de corrupción. No se puede jugar con las fuerzas oscuras sin llenarse de infierno. Por eso hay que pegarse a la luz. Esa luz que sólo proviene del Altísimo.

En febrero de 2001, me reincorporé al trabajo, con el alma dividida como toda madre profesional: me daba dolor dejar a mi Martina en las manos de Isolina, nuestra nana de toda la vida. Tenía apenas dos meses de nacida; lo único que quería era estar con ella todo el tiempo. Sin embargo, mi permiso posnatal había expirado y el deber llamaba.

A Martina, al igual que a Nicoletta cuando nació, se la entregué al Señor. Eso significa que, aunque ellas no pueden orar por sí mismas, ya están bajo la protección divina. En el libro de Números del Antiguo Testamento hay una oración que Dios les dio a los israelitas para que la oraran sobre sus hijos.

Hasta hoy, todas las noches, cuando regreso de trabajar, la pronuncio al pie de la cama de mis hijas, sobre sus cabezas hundidas en la paz del sueño:

Que el señor te bendiga y te guarde. Que el señor haga resplandecer su rostro sobre ti. Que el señor tenga de ti misericordia y ponga en ti paz.

***

Retomé mi rutina rápidamente. Las noticias volaban, Bush acababa de ganar la presidencia de los Estados Unidos, sucediendo a Bill Clinton. Laura Bozzo tenía cada vez más audiencia. Era innegable: había logrado desplazar a Cristina Saralegui, la ex imbatible de Univision en el horario de las cuatro de la tarde.

A mediados de ese mismo año, Cristina pasaría de tener un *show* diario a conducir un programa semanal de entrevistas a las diez de la noche. Algo aparentemente inconcebible. Saralegui había sido, hasta el momento, la mujer más poderosa de la televisión hispana. Ahora ese puesto lo ocupaba la *señorita Laura*, "la abogada de los pobres" quien, por cierto, vivía una vida rica, de absoluto lujo, *glamour* y derroche, con gastos por más de cien mil dólares al año solamente en ropa. Ahora venía con más frecuencia a Miami y era parte de la fauna farandulera de la ciudad. Uno le debe preguntar a ese tipo de personaje: *¿Qué vas a hacer cuando debas rendir cuentas, cuando llegue desde lejos la tormenta? ¿A quién acudirás en busca de ayuda? ¿En dónde dejarás tus riquezas?,*[14] como dice la Biblia.

Yo me había decepcionado tanto de ella, a partir de la experiencia de Panamá, que corté las relaciones. Con la única excepción de esa llamada despechada de enero, no hablé más con ella. Pero nunca quise hacer de esto un escándalo. Uno tiene que aprender a perder y a ganar. Sin embargo, yo estaba para ese entonces convencida de que todo ese viaje a Panamá había sido una trampa. Ella sencillamente me había utilizado como coartada para justificar su presencia en Panamá, un país en el que su *show* no se veía en el momento en el que fuimos. Laura necesitaba cubrirse las espaldas ante la prensa del mundo que sabía que Montesinos estaba ahí y que sospechaba que había algo entre ellos dos. Yo, simplemente, fui su chaleco salvavidas.

Mis sospechas se comprobarían muy poco tiempo después. Mi olfato no me engañó. Laura, sí.

Una noche de abril de 2001, a eso de las doce, sonó el teléfono en mi casa de Key Biscayne. Todos estábamos durmiendo y, por supuesto, nos alarmamos. Yo salí corriendo a atender, quería evitar que las niñas se despertaran. Cuando levanté el teléfono, una voz lejana, en medio de alguna interferencia, me habló.

—¿María Elvira Salazar? —preguntó alguien con marcado acento venezolano.

—Sí, soy yo.

—Un momento, que le van a hablar.

No me dijeron quién me hablaría, no me preguntaron si aceptaba la llamada. Fue casi una orden. Me comunicaron y, segundos después, se me heló la sangre.

—Soy el amigo de Laura —me dijo aquella voz sin nombre. Una voz grave, autoritaria, casi sacra. Una voz peruana, de hombre. El escalofrío me recorrió. Era la voz de Montesinos.

Por instantes pensé que sería una broma. Pero, ¿de quién?

—¿Quién llama? —pregunté. ¿Quién podría estarme jugando una broma de tal naturaleza tanto tiempo después del episodio de Panamá? Definitivamente, era él, tenía que serlo.

El hombre más buscado por la justicia peruana, acusado de narcotráfico, chantaje, enriquecimiento ilícito, asesinato y lavado de dinero, entre otras cosas, me estaba llamando a mi casa. Un hombre escondido en quién sabe qué parte de la selva venezolana.

Ni el FBI, ni la Interpol, ni la policía venezolana, ni la peruana, nadie había podido dar con su paradero. Vladimiro Montesinos se había convertido en uno de los prófugos internacionales más buscados… y más codiciados. Por su captura el gobierno peruano de transición, encabezado por Valentín Paniagua, ofrecía cinco millones de dólares. Nada más y nada menos que ése era el personaje que tenía yo al otro lado de la línea telefónica.

Por supuesto, me quedé atónita.

—Yo soy el que usted quiere entrevistar, el amigo de Laura —me repitió.

Yo reaccioné como pude, las palabras no me salían y a la vez se agolpaban en mi garganta; aquél era un momento por el que cualquier periodista daría lo que fuera y me estaba pasando a mí. *¡Gracias, Señor, que has respondido a mis peticiones… aunque yo no quería hablar con él por teléfono —pensé—, pero bueno, por algo se empieza!*

—Dígame qué desea —atiné a decirle como pude.

—Quiero darle la entrevista porque mi vida corre peligro y quiero que el mundo sepa cuál es mi versión de los hechos.

Yo sentí que el corazón se me saldría del pecho. Todas las preguntas que había querido hacerle durante estos meses, y muchas otras, me vinieron a la mente; al fin había llegado el tan ansiado momento y, de pronto…

—Pero a cambio, yo quiero que usted le diga a mi amigo McNamara que yo necesito cien mil dólares… el dinero se me acaba —me dijo.

Sentí un desfallecimiento, tuve que sentarme. Luego, le respondí:

—Disculpe, Vladimiro, en la prensa norteamericana no se paga por entrevistas, pero yo igual le voy a preguntar a McNamara por el asunto. Ahora, eso sí, le podemos pagar pasaje, dieta, transportación, pero dinero no creo.

Él hizo una pausa que a mí me pareció eterna y se despidió diciéndome:

—La volveré a llamar. Pregúntele a McNamara. Ése es un cabrón que sabe mucho.

Y colgó. Yo pensé que allí terminaría todo, que nuevamente se me escapaba la oportunidad. Yo sabía en mis adentros cuál era la respuesta: McNamara no iba a aceptar pagarle nada a Montesinos.

A la semana siguiente Montesinos volvió a llamar a mi casa. Esta vez no pedía una suma concreta, sino hacer conexión con otra fuente de dinero: Laura Bozzo. Obviamente era Laura quien le había dado mis teléfonos. Sus llamadas se repitieron durante varios meses. El ex asesor, ahora prófugo, llamaba, me saludaba y pedía que lo comunicara con Laura. Siempre con un sentido de premura, de poco tiempo.

Ahora, mirando hacia atrás, reconozco que fue un error de mi parte haberme convertido en operadora telefónica entre Laura y Montesinos. En ese momento me sentía incómoda porque reconocía que no era lo más ético hacerle un favor a un criminal, aunque el favor era también para Laura Bozzo, una persona que trabajaba para la misma empresa que yo. Como todo en la vida, no era tan en blanco y negro el asunto: el periodismo admite muchas variables y, al final, la búsqueda de la noticia, de la información y de la verdad prevalece. Una entrevista era, pues, un fin legítimo. Todavía hoy sería válido preguntarle a los colegas de la prensa: ¿quién no hubiera hecho lo mismo en mis circunstancias?

Para este entonces, Laura andaba públicamente enganchada al joven ex roquero Christian Suárez. Otra vez me trataba de utilizar, pero ahora, yo creía estar más alerta. La astucia y la maldad de Laura no conocen límites. Definitivamente, sus maquinaciones estaban más allá de los alcances de mi imaginación.

Mi objetivo seguía siendo el mismo, si acaso mi ansiedad se había incrementado. Pero mis motivaciones eran exactamente iguales a las de hacía un año: la búsqueda de la noticia, lograr una exclusiva. Más aún, cuando en ese año las circunstancias habían cambiado tanto y ya no hablábamos de Montesinos como el hombre fuerte del Perú, sino como uno de los criminales más buscados del mundo.

El hecho fue que me convertí en la intermediaria telefónica entre Laura Bozzo y Vladimiro Montesinos durante los meses de abril a junio de 2001. Él no podía llamarla a ella directamente, pues no quería implicarla en nada sucio, no quería mancharla. Hablamos de un hombre acusado de delitos muy graves. Conmigo en cambio no había peligro. Eso creía yo, al menos. El manto del periodismo me cubría, mis contactos con él estaban plenamente justificados y no había nada que ocultar. Tanto así, que desde el principio informé a mi jefe de lo que estaba sucediendo: *Montesinos me sigue llamando a media noche y quiere que le haga una conexión con Laura. Creo que ahora sí lograremos la entrevista.* Peyronnin, a pesar de no hablar español, sabía de la importancia de este personaje. Su foto estaba a diario en la primera página del *New York Times*. Para la prensa norteamericana, si sale en el *Times*, tiene que ser importante.

Laura siempre se mostraba muy dispuesta a hablar con Montesinos, aun cuando públicamente declaraba que se había distanciado de él. A pesar de su tan comentado romance con Christian, aceptaba las llamadas. Claro que, si estaba con el roquero, disimulaba. Me pedía que la llamara más tarde, se ponía nerviosa y me hacía ver que no podía hablar en ese momento. Obviamente, su novio no sabía nada de esta relación que existía entre el ex asesor y su amada Laura.

Parecía enamorada de este joven tan distinto a ella, al menos en cuanto a su grado de instrucción. Cristian le quedaba pequeño a Laura, en todos los sentidos. Independientemente de la diferencia de edad, lucían como una pareja dispareja. Era extraño ver a la gran Laura Bozzo, una mujer preparada, de mundo, disfrutando de su momento cumbre en la televisión, con este advenedizo que se presentó una vez en su programa cantando en una banda.

La prensa rosa del mundo entero criticó la relación y aún lo hace. No tanto porque ella le lleve a él veinte años, sino porque sospechan que él se aprovecha del dinero y la fama de Laura. Ella lo terminó convirtiendo en productor de su programa, aun cuando el muchacho argentino no sabía leer ni escribir con fluidez y ni siquiera tenía visa para trabajar en Perú. Los periodistas se ensañaron cada vez más con él, poniéndole sobrenombres tan desagradables como "el felpudo" o "el pelucón". Él reaccionaba de manera violenta, agrediendo a la prensa y metiéndose en todo tipo de problemas. En fin, la de Christian y Laura siempre fue una relación polémica, escandalosa, muy pública y muy amarillista. Acorde con sus personalidades. Ella se entregó a él de la misma manera en que parece hacerlo todo: sin medida, sin freno, sin límites. Hasta una casa en Argentina llegó a comprarle.

Pero todo ese amor de Laura por Christian no le hacía cortar de raíz su relación con Montesinos. Así que durante esos tres meses en los que yo serví de telefonista, hablaron no menos de doce veces. Yo jamás escuché sus conversaciones, me limitaba a comunicarlos. Sin embargo, cada vez que él llamaba, hablaba más y más con él.

Las llamadas se producían una vez por semana. Se notaba que estaba apurado y no tenía tiempo de hablar conmigo.

Su intención era obvia: comunicarse con Laura. Pero un día, cansada del juego y sabiendo que no era mi lugar pasar por telefonista, le pregunté por qué no me había recibido en Panamá. Él, tranquilamente, me dijo que jamás supo que yo estaba allí. Sorprendida le dije: *¿Cómo? ¿Qué usted no sabía que yo había ido con Laura?* Hasta hoy no sé a quién creerle.

Esta afirmación habría comprobado mi tesis sobre el engaño de Laura, pero Montesinos tampoco era precisamente un hombre de palabra. Me sentía yo entre dos demonios y constantemente me preguntaba: ¿quién dice la verdad? Estaba en medio de gente muy oscura, mi única herramienta era mirar hacia arriba y pedir sabiduría. La Biblia como siempre me daba luz: *Te libraré del poder de los malvados, te rescataré de las garras de los violentos.*[15]

***

En mayo de 2001, luego de varios meses de un gobierno de transición presidido por Paniagua, Alejandro Toledo, antiguo rival y principal opositor de Fujimori, ganó las elecciones en Perú. El mismo Toledo del que Laura había sacado a la luz una hija ilegítima para hacerle perder popularidad en las elecciones del año anterior.[16]

El hecho es que, siendo Toledo el nuevo presidente de Perú, yo sabía que el tiempo de Montesinos se acababa. Toledo denunciaba públicamente que había perdido las elecciones de 2000 por una "conspiración montesinista" en su contra y que haría lo imposible por capturar al ex asesor en donde estuviera.

Así que comencé a presionar a Montesinos. *¿Cuándo es que me va a dar la entrevista?*, era mi pregunta concreta cada vez que llamaba. Él me aseguró que sí, que esta vez sí me la daba. Temía por su vida, se le estaba acabando el dinero, muy pronto no podría pagarse la protección. Le hacía falta la prensa entonces para cubrirse.

Yo le di mi correo electrónico personal, nuevamente pensando que por ser periodista no tenía nada que temer. Comenzamos a intercambiar correos en los que yo lo llamaba "Arturo" y él me llamaba por mi nombre, sin alias, sin pseudónimos, sin tapujos.

Así empezamos a planificar la dichosa entrevista. A él le preocupaba mucho justificarse de alguna manera ante el pueblo peruano. Como la mayoría de los gobernantes totalitarios, dictatoriales, Montesinos se sentía un salvador que venía al mundo en labor mesiánica: salvar al Perú de las garras de la guerrilla. Una suerte de Maquiavelo para quien el fin justificaba los medios, independientemente de lo sanguinarios, ilícitos o crueles que esos medios pudieran ser. Yo le seguía la corriente. Aquel hombre tenía un ego inmenso y yo lo trataba con pinzas para ganar su confianza. Si no, jamás habría exclusiva. Yo ya tenía experiencia con este tipo de tiranos: había entrevistado a Fidel Castro y procuraba desde entonces una exclusiva con Pinochet, que finalmente se daría un par de años después. Algún conocimiento tenía sobre despotismo ilustrado.

Tuvo una idea genial. Sacaríamos la entrevista el 28 de julio, el mismo día de la toma de posesión de Toledo, para restarle protagonismo al nuevo presidente. Así era el tamaño de su ego y de mi deseo de la exclusiva. Yo le decía que sí, que me parecía una idea maravillosa, que me dijera sencillamente en qué país nos encontraríamos para prepararlo todo. Obviamente jamás me dijo dónde estaba aunque ya se sospechaba que se mantenía oculto en Venezuela.

En todo caso, cada día estaba más cerca de mi objetivo... o al menos, eso pensaba yo.

Pero volvió a pasar. El 24 de junio me llamó Pablo Lacub, uno de los productores *senior* de Telemundo, y me dijo: *María Elvira, se te dañó tu entrevista otra vez: acaban de capturar a Montesinos en Venezuela.*

Yo me quedé fría. Aquella noticia, tan gloriosa para el mundo, para la justicia internacional, significaba para mí un nuevo golpe a mi cruzada periodística.

Estaba en medio de la playa, era domingo... miré para el cielo y me dije: *¡Ay, señor! Qué difícil es todo esto, y más difícil aún entender el plan perfecto que tienes para mí.* Pero su respuesta llegó clara: *Manténte firme y no bajes la guardia, porque tus obras serán recompensadas.*[17]

¿No crees que puedas darme un adelanto de la recompensa? —le pregunté resignada.

IV. EL TRIUNFO DE LA PERSEVERANCIA

Todo lo puedes en Cristo que te fortalece

No te dejes vencer por el mal; al contrario, vence el mal con el bien.

Romanos, 12:21

Finalmente lo agarraron. El 25 de junio de 2001, un Vladimiro Montesinos extrañamente sereno era trasladado a Lima después de ocho meses de haberse fugado del Perú. Lo habían atrapado el día anterior en Caracas, gracias a una acción supuestamente combinada entre los servicios secretos de Perú y Venezuela con el FBI norteamericano.

Hugo Chávez, presidente de Venezuela, se atribuía el triunfo por la captura del fugitivo más buscado de Latinoamérica: *Hemos capturado a Montesinos, gracias a Dios, vivo*, declaraba en cadena nacional. Las autoridades del Perú obviamente decían que la captura se debía a una operación de inteligencia militar armada por ellos y llamada "Odessa"; ésta habría sido la más grande estrategia de espionaje e inteligencia en la historia del Perú. El FBI había colaborado con el gobierno de Paniagua y con el de Toledo completamente. En todo caso, Montesinos había caído y todos hacían leña de él.

Estaba más calvo, con la nariz y los párpados operados. Se había sometido a una cirugía plástica en Caracas y ostentaba, incluso, una media sonrisa.[18] A las afueras del aeropuerto de Lima, un grupo de manifestantes se agolpaban para gritarle insultos y silbidos de indignación al hombre que había mantenido bajo su bota de hierro al país. El monje negro, el espía mayor, había llegado al fondo del pozo.

Lo que para muchos significaba el final de una historia sórdida de traición y corrupción, para mí era el comienzo de un nuevo capítulo en mi lucha por conseguir una entrevista con el ex Rasputín fujimorista, ahora en cautiverio. Pero, para aquellos que contamos con Dios, las dificultades son parte del camino y nos hacen mejores seres humanos.

Con perplejidad vi las imágenes que llegaban desde el Perú: Vladimiro Montesinos, hasta ese momento el hombre invisible para los medios, estaba siendo trasladado a La Carceleta, un centro de detención ubicado en el Ministerio de Justicia del Perú, rodeado por la prensa peruana e internacional.

Aquello era un gran circo mediático con el que las autoridades peruanas se vanagloriaban de haber capturado al enemigo público número uno del país. La captura de Montesinos era la noticia del momento en toda Latinoamérica, y yo veía cómo la exclusiva se esfumaba ante mis ojos.

Debía cambiar de estrategia, tenía que lograr una entrevista cara a cara, declaraciones exclusivas que tuvieran un elemento diferenciador. Montesinos no había revelado ninguna información de importancia y sólo declaraba brevemente, repitiendo frases vagas, sin importancia. Yo no iba a cesar en mi empeño. Dios nos promete la victoria cuando somos perseverantes.

Quería que me hablara de su estadía en Venezuela, de su relación con ese otro ilustre déspota latinoamericano que es Hugo Chávez, si es que la hubo, como tanto se especulaba.[19] Todos esos pensamientos se agolpaban en mi mente y entonces lo vi muy claro: no había otro camino, tendría que meterme en su celda.

En ese momento, mi única preocupación era conseguir un contacto en Perú que llevara un mensaje mío a Montesinos. Nunca pensé que también debía preocuparme por los *e-mails* que le había enviado durante su tiempo de fuga. Pero, más adelante, el paquete de correos electrónicos que se le incautó a Montesinos en Venezuela fue presentado como parte de las pruebas que analizaría la Policía Anticorrupción del Perú durante el juicio en su contra. Yo estaba demasiado cerca del infierno y, lógicamente, tenía que salir con quemaduras.

Para aquel entonces no pensé en que mis esfuerzos por lograr una entrevista podrían revertirse en mi contra. Contaba con el apoyo de mi canal —o al menos eso creía yo— y en ningún momento había actuado de manera clandestina.

Me fui a ver a Fernanda Valdivia, encargada de los corresponsales extranjeros para el noticiero internacional de Telemundo.

—¿A quién tenemos en Perú? —le pregunté—. Hay que llegar a Montesinos.

Ella se me quedó viendo, un tanto sorprendida de mi determinación. No era cosa fácil conseguir una entrevista con un preso. Mucho menos con uno de tamaño calibre.

—No tenemos a ningún reportero, pero… hay una *free lance* que nos ha hecho algunos trabajos —me dijo, y siguió hablando mientras mi interés crecía—. Es mi hermana, Estela Valdivia.

Estela, quien se convertiría en uno de los personajes clave de esta historia, era abogada. Había realizado algunos reportajes para el noticiero, precisamente sobre el caso Montesinos, entrevistando a su esposa Trinidad Becerra y a sus hijas Silvana y Samantha. De la familia de Montesinos se habían conseguido algunas declaraciones muy vagas en relación con su actuación durante el régimen de Fujimori y acerca de su huida y paradero. Más tarde, la misma Trinidad Becerra sería acusada de cómplice de enriquecimiento ilícito. Montesinos parecía tener el toque de Midas, pero al revés, todo lo que tocaba quedaba convertido en basura. Laura Bozzo por supuesto fue tocada. Y yo, salpicada.

Pero en ese momento no tenía conciencia de aquello. Así que le pedí a Fernanda que me pusiera en contacto cuanto antes con su hermana Estela. La llamamos a Perú y logramos comunicarnos.

—Mucho gusto, Estela, te habla María Elvira Salazar, la presentadora del noticiero nacional de Telemundo.

—Ah, sí, claro, ¿cómo está usted? —me respondió con mucha amabilidad—. ¿En qué puedo servirle?

—Sé por las imágenes que nos están llegando que Montesinos está siendo trasladado a un lugar llamado "La Carceleta". ¿Tú tienes acceso a ese lugar?

—Sí, precisamente yo trabajo en una oficina en la Sede del Ministerio de Justicia. Allí está La Carceleta. Pero no creo que podamos...

Estela comenzaba a sonar algo inquieta. Ella sabía que se le estaba encomendando una misión imposible. A Montesinos lo tendrían aislado de la prensa, el gobierno peruano no le iba a permitir declarar. Además, tampoco él querría recibir a nadie.

—Por favor, Estela, ve a verlo. Menciónale mi nombre. Di que vas de mi parte y estoy segura de que te recibe —le dije, confiada en ese ofrecimiento de una entrevista que el ex asesor me había hecho por teléfono y por *e-mail*.

Ella comenzó a explicarme que era complicado, que lo intentaría, pero que no me aseguraba nada.

—Yo he estado en comunicación con él durante los últimos tres meses, negociando y preparando una exclusiva para el noticiero. Hemos hablado y hemos intercambiado correos electrónicos —le dije.

Hubo un silencio. Ella no lo podía creer. Estaba en *shock*. Y es que era imposible pensar que este hombre, este temible fugitivo que estaba siendo buscado en medio de la selva venezolana por las principales autoridades internacionales, estuviera en comunicación con alguien de la prensa. Obviamente, Estela, aquella voz desconocida hasta entonces para mí, no podía dar crédito a mis palabras.

—Confía en lo que te digo, Estela. Acércate a La Carceleta, envíale una nota diciendo que vienes de parte mía y él te recibirá.

Ella, entonces, muy solícita, recuperando la compostura después de aquella insólita revelación, me dijo que sí, que iría esa misma tarde.

—Te voy a llamar a las siete, después del noticiero. Muchísimas gracias, Estela, y suerte.

Colgué y cerré los ojos. Una rendija se abría después de haberse cerrado otra puerta. Ni la frustración ni el cansancio me ganarían. Mire al cielo y di gracias por adelantado porque Él dice que *fortalece al cansado y acrecienta las fuerzas del débil.*[20]

Ansiosa esperé que pasaran aquellas horas, hasta que volví a hablar con Estela en la noche. Cuando la volví a llamar ella estaba aún más impactada que antes. Había logrado hablar con Montesinos, cara a cara.

—Efectivamente, le pasé un papel al guardia para que se lo diera al ex asesor. Allí decía que yo venía de parte de usted... y sí, me dejaron pasar —me dijo con la voz entrecortada.

Yo suspiraba de gozo, aquello era un pequeño triunfo en medio de las dificultades que había tenido para lograr la dichosa entrevista. Sentía que el Señor me enviaba señales de que iba por buen camino y premiaba mis esfuerzos.

—Montesinos me recibió y me dijo que está dispuesto a darle la entrevista, que cuándo es que usted puede venir a Perú —me dijo Estela.

—Pues dile que nosotros estaremos allí en 48 horas —le contesté sin dudarlo.

Al colgar, la adrenalina comenzó a recorrerme el cuerpo. Tenía que prepararlo todo rápidamente. Tenía que adelantarme a las demás cadenas noticiosas, todos querrían la exclusiva. Corrí a hablar con Fernanda, con Peyronnin... Sentarme con Montesinos cara a cara en La Carceleta sería la explosión noticiosa del año, el trofeo más preciado para cualquier periodista. Yo sentía que esta vez Montesinos hablaría. Ya estaba atrapado, su única salida sería destaparse a través de los medios. Pensaba en toda la información que aquel hombre manejaba, la cantidad de secretos que saldrían a la luz, los nombres que podrían caer junto a él... ¿Quiénes eran sus cómplices? ¿Hasta dónde llegaba la responsabilidad de Fujimori en aquellos actos de corrupción de los que se le acusaba? ¿Quién había protegido a Montesinos todos estos meses? ¿Cuánto tuvo que pagar por su protección? ¿Era el gobierno de Chávez su aliado? ¿Por qué lo entrega?... Me encontraba frente a un verdadero cataclismo noticioso. Aquello podría ser, sin duda, uno de los momentos cumbre de toda mi carrera periodística.

Y entonces, 24 horas después de hablar con Estela, las autoridades trasladan a Montesinos.

Esta vez lo mandan para El Callao. Una fortificación militar infranqueable de la que nadie puede salir... y a la que, por supuesto, nadie puede entrar sin un permiso militar expedido por el propio Ministerio de Justicia del Perú. La noticia volvió a aplastarme. Era otro golpe en el estómago, otro muro que se levantaba entre mi objetivo y yo.

Al día siguiente recibí la llamada de Estela, reiterándome lo que ya se sabía: era imposible entrar al Callao. Tratamos de comunicarnos con el ministro de Justicia, Fernando Olivera, con el mismo Ketin Vidal, el ministro del Interior, uno de los principales responsables del arresto de Montesinos. Pero todas las puertas que tocábamos se cerraban estrepitosamente ante nuestras narices. Montesinos estaba aislado de la prensa en El Callao, y punto. Aquella misma cárcel que él había hecho construir para encerrar a los dirigentes del grupo terrorista Sendero Luminoso, aquella fortaleza que albergaba al líder maoísta Abimael Guzmán, jefe de la guerrilla peruana, era ahora su "hogar". Y su archienemigo Guzmán era su compañero, celda con celda. ¡Así de irónica es la vida!

Ahora que lo tenía tan lejos pero tan cerca a la vez, no me iba a dar por vencida. Para eso soy una mujer de fe. Había que buscar una manera. Y claro, el puente en ese momento era Estela Valdivia.

Estela parecía una mujer decente, una buena persona, modesta, sencilla, amable. Dedicada a su trabajo y a sus tres hijos que prácticamente había criado sola, con su condición de divorciada a cuestas. Una abogada no muy conocida y que, sin embargo, después de haber estado con el preso más famoso de Perú aceptó ser su abogada defensora. ¡De *free lance* de Telemundo a representante legal de un hombre al que nadie quería representar! ¡Qué salto!

Supongo que, de alguna manera, se dejó seducir por ese encantador de serpientes que es Montesinos. Ningún abogado conocido querría representarlo. Asociar tu nombre al de un personaje tan oscuro, tan manchado, tan cuestionado, significaba el desprestigio absoluto dentro del colegio de abogados de Perú. Pero Montesinos era un experto de la inteligencia humana y conocía todos los trucos de la manipulación.

Seguramente, en su infinita habilidad identificó a Estela como una futura aliada y la convirtió en otra de sus cómplices a la larga. Supongo que él pensó que Estela sería su puente con la prensa extranjera. Una prensa extranjera, en su cabeza, representada por mí. También creo que el ex asesor se mostró de acuerdo con la idea de otorgarle una entrevista a Telemundo porque era el canal en el cual su amante, Laura, era la estrella. Ella se iba a encargar de que de ninguna manera él quedara mal parado ante la comunidad internacional.

Su señorita Laura, que le enviaba besos públicos y le cantaba canciones de Elvis Presley en los telemaratones, no lo permitiría.

Montesinos, que amaba estar rodeado de mujeres, que públicamente tenía una esposa, una amante, una relación dudosa con Bozzo, que llegó a Venezuela con otra mujer, que definitivamente tenía la fantasía del harén, pensó que podría apoyarse en la tríada Valdivia-Salazar-Bozzo para salir del Callao. O al menos para que su voz saliera al mundo, más allá de las paredes de aquella fortaleza. No contó con que los que amamos a Dios no caemos en manipulaciones tan fácilmente.

Desde junio hasta agosto, mi comunicación con Estela fue constante. Ella iba al Callao frecuentemente con credenciales de abogada defensora. Durante ese periodo se me ocurrió meter una cámara escondida en su celda.

Conversé con Peyronnin para ver qué tipo de cámara podríamos usar que nos diera una resolución adecuada para la televisión, pero que a la vez pasara inadvertida por las máquinas de seguridad.

Fui a todas las tiendas de Miami que venden productos de espionaje, consulté en Internet, hablé con mis compañeros periodistas, camarógrafos y productores, incluso nos reunimos con un experto en cámaras ocultas. Tenía que ser algo muy pequeño, un bolígrafo, un botón, un reloj. Si los guardias del Callao llegaban a descubrir a Estela en estos menesteres, ella perdería su licencia y hasta su libertad. Pero debíamos aprovechar el momento, la oportunidad; Montesinos quería hablar después de diez años de silencio y sólo hacía falta un medio.

Algo que me preocupaba sobre Estela era el tema de sus honorarios. Ella estaba colaborando con Telemundo y necesitaba que le pagaran la gasolina, el carro, los gastos básicos, viáticos, etc. Telemundo le quería pagar poco. El caso de Estela era muy inusual y mis jefes no lo entendían bien.

Entonces recibo una llamada de Estela que vuelve a abrir una ventana: *La Comisión Townsend*[21] *va a entrar al Callao, los parlamentarios van a interrogar a Montesinos en audiencia pública y van a permitir el acceso a los medios. Ven con tu cámara, no necesitas ninguna cámara escondida.* Por supuesto que de inmediato preparamos el viaje a Perú. Yo no sentía miedo, pues *El Señor brinda generosamente su bondad a los que se conducen sin tacha.*[22] En ese momento estaba tan contenta que olvidé la "tacha" de tener que colarme en El Callao.

Nuevamente me tocaba separarme de mis niñas, pero sentía que valía la pena. Era un viaje corto, del que resultaría una inmensa recompensa profesional, personal y para el panorama noticioso latinoamericano.

El cinco de septiembre de 2001 llegué a Perú con un camarógrafo de Telemundo. Era un miércoles. Después de tres meses y medio de relación telefónica conocí a Estela. En persona me resultó aún más amable, colaboradora, suave. Claro, su hermana trabajaba en la cadena pero, más allá de eso, Estela parecía una buena persona. Sigo sin entender su relación con el demonio de Montesinos. Pero como he dicho antes, no juzgo. Para eso está Dios.

Ya estábamos planificando dónde nos íbamos a colocar en la audiencia, para poder quedar estratégicamente cerca de Montesinos y lograr unas declaraciones exclusivas de él para las cámaras de Telemundo, cuando nos llamaron con la noticia: cancelaron el acceso de la prensa.

Creo que en ese momento ya estaba anestesiada contra las malas noticias, porque no decaí. De inmediato me dije: pues tenemos que ver de qué otra manera entramos al Callao. Estaba consciente de que meterse en una base militar era muy difícil. Entonces Estela me dijo que no me angustiara. Ella iba a procurar meterme legalmente.

Un par de horas más tarde, Estela llegó con una nota escrita a mano, de puño y letra del propio Vladimiro Montesinos, que decía lo siguiente:

Señora María Elvira Salazar
Presente

De mi consideración:

Por intermedio de la presente ratifico mi compromiso de que la primera entrevista que pueda conceder, cuando en mi país se respete el derecho que tengo a la Libertad de Expresión —conculcado como usted lo ha podido constatar personalmente— será a Ud. Señora María Elvira Salazar de la Cadena Telemundo Internacional.

Atentamente
Vladimiro Montesinos

Aquella nota, que aún guardo, me sorprendió. Era el salvoconducto que necesitaba ante las autoridades para que me dejaran llegar a él.

Montesinos hablando de libertad de expresión... ¡eso también era irónico!

El hecho es que me fui, nota en mano, a ver al ministro de Justicia. Sin amilanarme, ya lo dice la Biblia: *Dios no nos ha dado un espíritu de timidez, sino de poder, de amor y de dominio propio.*[23]

Esta vez el señor ministro Fernando Olivera me recibió personalmente.

Me mostró en su oficina una montaña de papeles que representaban peticiones para la misma entrevista de cientos de medios de comunicación. En el tope está la carta de Univision pidiendo ver a Montesinos.

Pero yo me consideraba distinta. Yo tenía el permiso del preso en la mano, de su puño y letra. Olivera estaba sorprendido con aquel papel. De dónde lo había sacado, me preguntaba. *Él me lo envió,* fue mi respuesta. Pero el papel le sorprendía y le disgustaba a la vez. Se negaba a mi petición.

Insistí, le dije que el señor Montesinos tenía derechos como cualquier procesado, le hablé del acceso a la información veraz que tiene por derecho la ciudadanía, pero nada. Todos mis argumentos chocaron con este hombre cerrado, autoritario, que sencillamente no quería que el trofeo más grande de su gobierno los hiciera quedar mal de algún modo.

Salí frustrada, tuve que volver a informarle a Peyronnin que la entrevista no se había logrado. Otro fracaso en esta lucha, la indignación no me dejaba tragar. Y entonces le dije a Estela: *Yo entro al Callao, así sea en el baúl del carro*. Una vez más, estaba tranquila y confiada en que Dios estaría conmigo, tal como lo prometió, hasta el fin del mundo.

Al día siguiente nos fuimos al Callao. Me metí en la cajuela del auto, transpirando adrenalina y tratando de no hacer el menor ruido. Si nos agarraban aquellos militares, íbamos presas. Así de sencillo.

Logramos pasar la garita inicial que flanquea el muro de veinte pies que rodea la fortificación. Ya aquello era un logro. El militar reconoció a Estela y no hizo mayor aspaviento. Mi temor era que le mandaran abrir la cajuela. Yo no quería meter en problemas a nadie.

En el silencio de la cajuela, sentía cómo se abrían y cerraban puertas de hierro con un estruendo metálico, terrible. Con el corazón paralizado, trataba de imaginarme el camino hasta el pabellón en donde tenían encerrado a Montesinos. Pasó una media hora, yo trataba de administrar el poco aire que tenía para respirar.

El Callao es una base militar laberíntica, dividida en varios pabellones, y vigilada por cientos de militares tan infranqueables como aquellos muros. Logramos pasar varios puestos de seguridad y, cuando llegamos al patio desde donde se podía ver el calabozo de Montesinos, Estela abrió un poco la cajuela del vehículo.

—Espera aquí. Voy a ver cómo está la situación con los guardias.

Ella tendría que convencer al guardia de dejarme entrar. Allí no había otra alternativa. Tendría que justificar de alguna manera mi presencia, sin credenciales, sin avisos de la garita principal, sin permisos oficiales.

Sentía que el pecho me explotaba. Más por emoción que por susto, en realidad.

***

Para mí no eran nada nuevo las peripecias inimaginables para conseguir una entrevista. Para lograr la de Fidel Castro en Nueva York en el 95, tuve que llamar al canciller durante tres años, una vez a la semana por lo menos. Sabía que el gran dictador latinoamericano vendría a hablar en la ONU, y yo haría lo posible por lograr una exclusiva con él. Y así lo hice. Fue el primer gran éxito de mi carrera periodística.

Después de eso, me empeñé en entrevistar a Pinochet, la otra cara de la moneda, el gran dictador de derecha. En 1999 logré meterme a casa de la familia de Pinochet cuando estaba detenido en Londres. Una casa que estaba resguardada por Scotland Yard. Yo me había hecho amiga de su nieto Cristóbal, hijo de Augusto, el primogénito. Así pude colarme en aquella residencia, haciéndome pasar por la novia del joven Pinochet. Conocí a toda la familia y mantuve contacto con ellos durante años, hasta que finalmente en el 2003 me dieron la exclusiva en Chile.

También había sido complicadísimo lograr el debate entre Jorge Mas Canosa, líder máximo del exilio cubano, y Ricardo Alarcón, el presidente del parlamento cubano y tercer hombre del país. Ha sido la única vez en 50 años de comunismo que un líder del régimen castrista debate con un líder del exilio.

Lo había conseguido con mucho trabajo, mucho empeño. Para los castristas dialogar con el exilio cubano es una mala palabra. Los que atacamos al comunismo somos considerados unos gusanos que no merecemos ni que se nos mire. Por lo tanto, era imposible conversar con el jefe de esos gusanos como era Mas Canosa.

Logré el encuentro cuando Telemundo estaba asociada a CBS-Telenoticias, en septiembre de 1996. Luego de eso, aparecí en la primera hoja de la lista más negra de Cuba y hasta hoy nunca más me han permitido entrar a la isla. Alarcón le dijo a Fidel que yo lo había engañado, que él nunca supo que se enfrentaría a Mas Canosa, que el debate era con Vargas Llosa. Así de absurdo hay que hablarle a los tiranos.

En fin, que esta nueva odisea para conseguir la exclusiva con Montesinos no me era ajena. Su significación para Latinoamérica convertía esta cruzada en algo perfectamente justificable.

***

Al cabo de un rato que me pareció interminable, Estela se acercó de nuevo al carro:

—Es imposible, María Elvira. No nos dejan. Nos tenemos que devolver.

Otra vez la frustración. Había perdido mi tiempo, mi viaje a Perú, otro esfuerzo más del canal, inversión de dinero y muchas expectativas.

Estela entonces me dijo, como para consolarme: *No se preocupe, él me dijo que le va a mandar una comunicación, algo. Una cinta... unas declaraciones. Yo misma me voy a encargar de que así sea.*

Regresé a Miami con las manos vacías, nuevamente. Pero al menos, esta vez albergaba una esperanza. Tenía la promesa de que Montesinos hablaría. Estela haría lo posible por que así fuera.

Entonces ocurrió lo impensable: el 11 de septiembre de 2001, el mundo entero presenció con absoluto espanto cómo cerca de tres mil personas morían a manos del terrorismo, en el desplome de las Torres Gemelas del World Trade Center y el atentado al Pentágono. Un hecho inédito en la historia de este país que sumió a todos en un luto inenarrable. La atención de la prensa sobre el hecho era total. No había espacio para hablar de nada más.

***

Ante estos acontecimientos, Montesinos se me había borrado de la cabeza. Sin embargo, cerca del 15 de septiembre, recibí un paquete por correo que procedía de Perú: era una cinta con la voz de Montesinos y una nota para Laura Bozzo. La nota estaba escrita por él. En ella le pedía ayuda económica para pagar a sus abogados. En ese momento la atención del mundo se volcaba en los atentados del 9/11, así que guardé la cinta. De todas maneras, era otra decepción: se trataba de un audio, no de un video. Un material inútil para la televisión. Yo pensaba que Estela lograría meter una cámara en El Callao, pero todo lo que pudo lograr fue grabar la voz de Montesinos y después enviarme la cinta.

En octubre, cuando las cosas estaban más calmadas, Telemundo decidió sacar el audio al aire. Para mi sorpresa, aquello causó una total conmoción. A pesar de que Montesinos no decía nada contundente, el mundo periodístico, y especialmente la justicia y la prensa peruanas, no entendían cómo había yo conseguido ese contacto con él. Pensaban que había logrado burlar la seguridad del Callao y me había metido en la celda del hombre para entrevistarlo.

El ministro de Justicia del Perú me llamó a mi casa y me preguntó, obviamente alterado, cómo había entrado a la base militar. Estaba furioso, pensando que yo me había burlado de él.

Habíamos logrado lo que ningún otro medio: una declaración de Montesinos, por aburrida e insignificante que fuera. Era un triunfo de la perseverancia, y que el Señor me había premiado de algún modo, aunque no era lo que quería. Una cinta de audio en televisión no funciona. Di gracias, igual, con humildad. Tenía que reconocer que la gracia del

Señor se manifestaba a menudo en mi vida; mis logros profesionales eran prueba de ello.

Era una lástima que mi propio jefe, Peyronnin, no entendiera la trascendencia de este hecho. Pero obviamente para una persona culturalmente opuesta, que ni siquiera hablaba español, era imposible entender la realidad latinoamericana. Me resultaba profundamente irrespetuoso para el público hispano que un productor cualquiera, despedido por una cadena norteamericana, viniera reciclado a dirigir uno de los noticieros más importantes de habla hispana en los Estados Unidos.

En todo caso, yo sentía que había logrado al fin un punto en esta escalada noticiosa tras Montesinos. Y entonces, recibí una llamada que no me sorprendió. En mi contestadora automática, la voz de una Laura Bozzo fuera de sí, caótica, enloquecida, me rogaba que la llamara urgentemente pues necesitaba hablar conmigo.

No le devolví la llamada. Hacía mucho tiempo que no sabía nada de ella, ni siquiera la veía en el canal.

¿Y cómo verla? Ella recibía tratamiento de estrella, la maquillaban en su casa, la transportaban en lujosas limusinas blindadas y cuando iba al canal era escoltada por Manny Martínez, o hasta por el mismo McNamara. En fin, la reina no se mezclaba con los plebeyos, y yo era una plebeya. La señorita Laura estaba más engreída y crecida que nunca, su programa arrasaba en todas las encuestas y mediciones a pesar de los ataques de los críticos de prensa.

Pero la reina estaba atormentada con la idea de que yo me había encontrado con su amado en El Callao. Que lo había entrevistado y hablado con él hasta la saciedad, sobre todo de ella y su turbia y complicada relación. Ese hecho la aterraba. Así que me volvió a llamar docenas de veces, hasta que finalmente la atendí.

—¿Qué te dijo? ¡Cuéntame! ¡Me lo tienes que contar todo! ¿Qué te dijo? —me decía, entre el ruego y la orden.

Estaba aterrada, pensaba que Montesinos me había revelado secretos oscuros sobre su relación con ella. Yo no entendía por qué tanto miedo. Pero me imaginaba que algo muy grande ocultaría. Yo traté de tranquilizarla. A pesar de todas las cosas que me había hecho, no le guardaba rencor. Como cristiana, trato de recordar y practicar el "Ama a tu prójimo". Y sí, aunque tenga delante una serpiente, el amor por el prójimo, por esa criatura divina, debe prevalecer en todo momento. Es la caridad cristiana. Jesús dijo: *Mi reino no es de este mundo*. Y si no somos de este mundo, no nos debemos comportar como si lo fuéramos, con sentimientos mundanos como el rencor, el odio, la venganza...

Así que le dije a Laura que no se angustiara, que Montesinos no me había dicho nada, que se quedara tranquila. Y que yo tenía un mensaje de él para ella. Eso era todo.

—¿Un mensaje? ¿Qué mensaje? —me contestó, aún nerviosa.

Le dije que nos viéramos para dárselo en persona. Pensé que estaba haciendo un bien. Un favor, primordialmente a Estela, pues Montesinos quería que Laura le diera dinero para pagarle sus honorarios y el de los otros abogados que habían colaborado con él antes que ella. La cuenta legal subía y alguien tenía que pagarla.

Pero como Cristo, por querer hacer un bien, terminé crucificada, y quien me clavó sin piedad alguna hasta hacerme sangrar fue Laura Bozzo.

V. EL PEOR CIEGO

El que tenga ojos para ver que vea

El murmurador, y el hombre de dos caras es maldito; porque mete confusión entre muchos que vivían en paz.

Eclesiástico, 28:13

Dicen que el camino al infierno está empedrado de buenas intenciones. Yo puedo dar fe de ello. Sin saberlo, labré mi propia vía hacia mi desgracia precisamente por tratar de hacer un favor a quien no se lo merecía.

En noviembre de 2001 me encontré con Laura Bozzo para darle el mensaje que Montesinos le había mandado desde la cárcel. A pesar de la manera en la que Laura se había burlado de mí en Panamá, a pesar de sus engaños y sus manipulaciones, no le guardaba rencor. Sentía que ella era un capítulo cerrado en mi vida. La realidad resultó ser muy distinta.

Nos citamos para vernos en un café cualquiera de Miami. Pero ella me cambió de lugar varias veces. Al final nos vimos en una estación de gasolina. Todo me resultaba extraño. Yo estaba en mi carro, esperándola; no era nada nuevo que ella se hiciese esperar. Estaba a punto de irme cuando por fin la diva llegó, acompañada por su joven consorte Christian Suárez. Se acercó a mi auto, cartera en mano, más nerviosa que de costumbre, y me dijo que nos quedáramos allí, en el carro, que ella no tenía tiempo de tomar café. Se metió en el asiento del copiloto mientras yo veía a Christian a través del espejo retrovisor, como un perro sabueso, esperándola en el otro carro. Todo aquello definitivamente era muy inusual, pero yo no cuestioné nada. Lo único que quería era irme rápidamente así que le dije que sí, que habláramos en mi carro, sin problemas.

Ella se aferraba a su cartera y hablaba sin parar, alterada, ansiosa.

—¿Entonces?, ¿me vas a decir qué te dijo Vladimiro? Imagínate qué problema... Yo en el mejor momento de mi carrera... yo no me puedo dar el lujo... yo delante de todo el mundo digo que me alejé de él, que repudio a Montesinos... si la gente se entera de que todavía hay algo... es una mancha, una mancha...

Sin dudas, su relación con Montesinos había sido muy criticada por la prensa peruana, especialmente desde su arresto. Todos los que rodeaban al personaje más oscuro de Latinoamérica estaban siendo solicitados por la justicia. Él los haría caer, uno a uno, y ella estaba aterrada. Era como un animal acorralado. La justicia se acercaba.

—¿Y cómo es que tú pudiste entrar a verlo? Si a nadie dejan... —me preguntó.

Ella estaba bajo la impresión, como el resto del mundo, de que yo había visto cara a cara a Montesinos, que había podido burlar la seguridad del Callao.

—Yo le llego a través de Estela Valdivia, una abogada que hace notas para Telemundo y que terminó encargada de su defensa. Es que nadie quiere defenderlo en el juicio, claro. Y Estela de alguna manera aceptó el caso —mientras yo le hablaba, ella tomaba notas mentales, armaba su perverso rompecabezas interno. Más adelante, juntaría las piezas como mejor le conviniera. Y yo, de imbécil, tratando de ayudar—. Desde hace cuánto tiempo estamos hablando de esta entrevista, Laura...

—Siempre, siempre...

—De hecho, los *e-mails* que le confiscaron en Venezuela, cuando lo agarraron, lo único que prueban es la verdad, que yo estaba tratando de hacerle una entrevista...

—¿Y no te asustaste cuando le encontraron los *e-mails* tuyos? Eso salió en todos los periódicos... que tú intercambiabas correspondencia con Vladimiro Montesinos.

Un par de meses antes, el contenido de mis correos electrónicos, dirigidos a Montesinos para cuadrar nuestro encuentro y realizar una exclusiva para Telemundo, había sido noticia de primera plana en la prensa peruana. Y era obvio que fuera así. Nadie tenía contacto con el prófugo más buscado del momento, nadie sabía dónde estaba, ni siquiera los organismos de inteligencia más eficientes del mundo y, sin embargo, yo, desconociendo también su paradero, me carteaba con él. Era una noticia jugosa.

—¿Y por qué habría de asustarme? —le respondí a Laura, que obviamente todo lo veía y analizaba desde su paranoica óptica—. Yo soy periodista, yo no le estaba escribiendo cartas de amor, ni tratando con él ningún asunto personal. Yo estaba procurando una entrevista para el noticiero Telemundo, con el conocimiento de mis jefes y del personal del noticiero. No tengo nada que ocultar ni de qué avergonzarme o arrepentirme —terminé diciéndole tranquilamente.

Ella trataba de recomponerse mientras veía por el retrovisor y le hacía alguna señal a Christian Suárez, quien la esperaba pacientemente sentado en el carro cual chofer.

—¿Qué le dices a tu novio sobre todas estas cosas? ¿Él sabe algo de lo que pasó entre Montesinos y tú? ¿Sabe que todavía se hablan, que se tratan? —le pregunté yo, con mi típica curiosidad periodística.

—¡No! ¿Cómo crees? Christian no sabe nada de esto. Yo... le dije que tú y yo teníamos que hablar de un programa, nada más. Él no tiene ni idea de lo que ha pasado entre Vladimiro y yo. ¡Y que ni se entere! ¿Te imaginas si habla? Si ese hombre habla, yo... —aquella mujer era un manojo descontrolado de nervios que se desmoronaba más y más ante mis ojos—. Por eso es que necesito saber... ¿Qué te dijo? ¿Qué te contó de mí?

—Laura, cálmate, él no me dijo nada, él no quiere hacerte daño. Lo único que quiere, que necesita, es dinero. Cien mil dólares, para los abogados —le conté. Las cuentas legales de Montesinos aumentaban. Ahora Estela encabezaba ese equipo, y de alguna manera le tenía que pagar. Además, pensaba que era yo quien la había guiado hacia el nefasto personaje y, aunque no entendía por qué había continuado la relación con el prófugo, sí merecía que le pagaran.

La reacción de Laura fue explosiva, exagerada, sobreactuada. Era como si alguien más nos estuviera escuchando y ella estuviera actuando para ese público, ese testigo imaginario.

—¡Cómo se le ocurre! ¡Qué barbaridad! ¡Está loco! ¡Yo no tengo por qué darle plata a él! ¡Está loco! ¡Loco! Yo jamás recibí ni un solo centavo, ¡jamás! A mí no me dieron plata, yo apoyé la campaña de Fujimori porque quise, porque me dio la gana, pero...

Yo no entendía todo ese discurso, aquella defensa ante mí, que no le estaba pidiendo ninguna explicación. Pero ella seguía hablando, soltando frases sin ningún sentido aparente, comportándose de manera totalmente incoherente. Yo decía para mis adentros: *esta mujer está mal.* Tal vez el hecho de que hubieran encerrado a su amor la había desequilibrado, pensé. El amor es una bendición y también, a veces, una maldición. Para Laura, su amor por Montesinos terminó siendo precisamente lo segundo.

—Laura, cálmate, cálmate. Mira, él lo único que quiere es pagarle a su abogada, nada más. Yo me ofrecí a darte el mensaje porque tengo acceso a ti. Es más, le dije que tú no me ibas a creer... También, en el papel con la cinta de audio, me escribió que te dijera algo así como... "Rosigüer"...

—¿Qué? —ella empalideció—. ¿Rosy War?

—Sí... y además... me dijo que te hablara de *El rock de la cárcel*... —terminé diciéndole—, ése fue todo el mensaje.

Ella estalló, siguió hilvanando su discurso defensivo, yo no entendía nada, ella insistía en explicarse, en justificarse.

—Rosy War es una cantante, almorzamos juntas en el SIN una vez, pero eso no quiere decir nada, nada... yo apoyé una campaña, más nada...

Aquéllas parecían frases ensayadas, repetidas como quien se aprende una lección para un examen de la escuela.

—Y *El rock de la cárcel*... era la música que se ponía en mi programa... —me dijo, tartamudeando.

Laura, después lo aprendí, tartamudea un poco cuando miente. Y mentía, porque *El rock de la cárcel* fue la canción que ella le dedicó, en vivo, en cadena nacional, durante un teletón en el Perú mucho antes que cayera el reinado de Montesinos. Laura se había disfrazado de Elvis Presley para cantarle a su enamorado aquel *Rock de la cárcel* que luego se volvió una irónica realidad. Ahora era él quien, desde la cárcel, le pedía auxilio. Y ella reaccionaba, como Pedro sobre Cristo, negándolo.

Ahora, cuando analizo los hechos, veo que Montesinos le estaba mandando un mensaje encriptado conmigo. Algo que sólo ella entendería. De alguna manera, aquel temible hombre le estaba diciendo: *yo sé mucho de ti*. Por eso ella palideció con mi mensaje. Por eso se asustó tanto con esas frases que para mí no tenían sentido alguno. Lo que no entendí sino meses después fue por qué se empeñó en darme tantas explicaciones que yo no le estaba pidiendo.

—Dile… dile que… dile que me utilizaron. Sí, a mí me utilizaron en la forma más baja, más increíble… yo… a mí nunca me dieron nada… nunca… y me han perjudicado. Todo el mundo está en mi contra. En primer lugar, yo jamás…

—Laura —la interrumpí otra vez: a mí no me importaban sus explicaciones, lo único que quería era irme a mi casa, con mis hijas—, yo no quiero que me expliques nada. Yo le voy a decir que no tienes plata, punto.

—No, no… no le digas eso… dile que… que yo no tengo nada en su contra… pero… es que esto parece un chantaje… sí, eso… un chantaje…

Yo cada vez entendía menos. Aquella mujer, que un año antes me decía que amaba a Vladimiro Montesinos, que el ex asesor de Fujimori era el hombre de su vida, que quería casarse con él, que pensó en dejarlo todo… ahora parecía otra persona. Actuaba, era como verla en un escenario. Decía incoherencias, reiteraba las palabras, hablaba en voz más altisonante de lo normal. Pero nada en ella ya me sorprendía. Al fin y al cabo, el proceso contra Montesinos había sacado a flote, más allá de sus gravísimos delitos contra los peruanos, su oscura vida personal, llena también de traiciones y engaños.

Ya todo el mundo, incluyendo a Laura, sabía que Montesinos, además de su esposa Trinidad Becerra, tenía una amante "oficial" llamada Jacqueline Beltrán, que vivía en una casa de lujo en la playa, a todo dar, y a la que Montesinos había mantenido como una reina durante años, mientras a Laura la tenía oculta en el más humillante de los ostracismos, reduciéndola a visitas clandestinas en el búnker, utilizando su poder como fenómeno de prensa para ganar popularidad.

Podía entender, obviamente, que Laura se sintiera utilizada, despechada, traicionada. Lo que no terminaba de tener sentido para mí era que me hablara como si yo no supiera la verdad. Una verdad que ella misma me había revelado.

—Sí, sí, esto parece un chantaje… un chantaje… —seguía repitiendo una desproporcionada Laura, siempre con la cartera aferrada al pecho.

Estaba tan pálida que sentí lástima por ella. Era un animal acorralado. Y profundamente herido.

—Yo no tengo nada que ocultar. Nada. Y dile… dile a Montesinos que… que qué decepción… esto es una mafia… una mafia de la peor especie… —su voz era un hilo, su cuerpo temblaba al punto del llanto.

—Yo… no sé qué decirte… yo no estaba allí —se me ocurrió decirle, refiriéndome al Perú y a su complicada situación política y social—. Yo simplemente soy una periodista buscando una noticia. Y lo único que he querido es hacerte un favor.

Ella me miró en silencio, fría, calculando. Su actitud cambió, se miró en el espejo, se arregló el maquillaje, se puso los lentes oscuros. Era como ver a varias mujeres a la vez.

—Dile a Estela que venga a hablar conmigo. Y ya. Aquí no ha pasado nada, tú no me has dicho nada. Esta conversación nunca ocurrió —me dijo en forma terminante.

—Pero…

—Nada. No quiero problemas con Telemundo. Y tú tampoco. No quieres problemas con la reina. Yo estoy en la cima y no puedo permitir que nada me embarre. Así que dejémoslo así. Que Estela me llame y yo me entiendo con ella —fueron sus últimas palabras.

Nos despedimos como si nada, pero me quedé con un sabor algo amargo en la boca. La actuación de Laura había sido digna de una telenovela, pasando del drama a la frialdad en un santiamén, sin transición. No entendí por qué de pronto estaba tan interesada en hablar con Estela, si al principio me había dicho tajantemente que no quería saber nada más de Montesinos. Y eso de recalcarme que ella era la reina de Telemundo, casi como una amenaza, tampoco me sonó coherente. Pero no le di muchas vueltas al asunto. Me fui a mi casa. Eso fue en noviembre del 2001. No supe más de Laura hasta principios del año siguiente, el que aún no sabía que sería el peor año de mi vida.

***

La emboscada comenzó en febrero del 2002. Catriel Leiras, un gran amigo argentino y uno de los mejores maquilladores de televisión hispana de Estados Unidos, vino a verme muy preocupado. Me dijo que había escuchado a Bozzo hablar con Emilce Elgarresta, una de las ejecutivas de Telemundo, acerca de mí. Catriel se arriesgaba a perder su trabajo con Laura, que le generaba buenos ingresos. Él, que desde ese momento bauticé como "mi ángel Catriel", me contó que Laura le había preguntado a Emilce Elgarresta, una de las jefas del Departamento de Producción, directamente, por qué todavía no me habían botado de Telemundo. Y, más aún, entre gritos había amenazado con irse a Televisa, la cadena mexicana, si no me botaban ya.

Me sorprendió lo que me decía. No entendía bien el significado de ese comentario; por eso no le di muchas vueltas al pensamiento en mi cabeza.

Seguí trabajando como si nada. Puntual, profesional, entregada, sin levantar motivos para la más mínima queja.

Sin embargo, el 15 de abril de 2002, el mismo día que se anunció la venta de Telemundo a la cadena de televisión NBC, y justo después de terminar la emisión estelar del noticiero, Joe Peyronnin, mi jefe, me llamó a su oficina.

Allí estaba, junto a Peyronnin, Lou Mont, jefe de recursos humanos de la compañía que hasta ese día había pertenecido a Sony. Joe Peyronnin me estaba llamando para despedirme. Me estaba botando oficialmente de mi puesto de presentadora del noticiero Telemundo.

Traté de disimular como pude mi turbación. No iba a demostrar que me había dado en el corazón. Tenía nueve años en Telemundo y era una gran injusticia. Mi expediente estaba limpio, impecable, y mis niveles de popularidad y de aceptación, según las mediciones, eran bastante altos. No quise pelear ni armar ningún escándalo. Ahora considero que fue un error del que me arrepiento. Debería haber peleado por mi puesto con mayor garra, aunque también es cierto que los planes de Dios son perfectos, así que vi aquello como una gran oportunidad para hacer mi propio programa. Pensaba que podía retomar el formato de *Polos opuestos*, un programa semanal que conducía antes de ser la presentadora del noticiero. Además, sabía que Dios no me desamparaba.

Pero el público no lo tomó tan olímpicamente. Hubo cartas, llamadas, cuestionamientos por parte de los clientes. ¿Dónde está María Elvira?, se preguntaban.

La excusa de la cadena fue que yo me había ido porque no habíamos llegado a ningún acuerdo referente al contrato. La realidad era que no habíamos comenzado ni siquiera a renegociar el contrato. Peyronnin declaró a los medios que sencillamente se trataba de un cambio en el *line up*. Las versiones cambiaban. Mentían, descaradamente, al público y a las agencias de publicidad. Y más allá, mintieron después ante la justicia peruana, cuando comenzó el proceso contra Laura Bozzo.

La actitud de Pedro Sevcec ante mi despido no me sorprendió. Supe con el tiempo que él sabía lo que me iba a suceder, pero no me lo advirtió, ni me llamó después de lo ocurrido, aun habiendo compartido el noticiero durante dos años, viéndonos todos los días, siendo colegas y sabiendo él perfectamente que aquello no era justo.

Pero Sevcec me tenía guardada una vieja factura: en 1988, siendo él jefe del noticiero en el que trabajábamos juntos, yo me fui a hacer un *casting* con CNN en Atlanta sin avisarle nada. Estaba buscando mejoras profesionales y salariales. Pero él lo vio como una traición, y desde ese momento me guardó rencor.

Cuando salí de las oficinas de Telemundo por última vez me senté en mi carro con cierta paz aunque en estado de *shock*. De pronto me acordé de las palabras de Catriel.

¿Por qué me habían sacado? ¿Qué pasó? Las preguntas se agolpaban en mi cabeza y ninguna tenía respuesta. El hecho es que parecía que se había tejido una conspiración para dejarme en la calle, sin trabajo, con dos niñas pequeñas y sin haber cometido yo ninguna falta. En ese momento no veía nada, ahora lo sé todo. Mi delito era precisamente saber demasiado sobre Laura Bozzo. Ella misma me había revelado sus intimidades y ahora ella misma me temía tanto que me hundía.

Meses más tarde, y gracias a una fuente que debe permanecer anónima para su protección, llegó a mis manos un correo electrónico, fechado en febrero de 2002, en el que Peyronnin sugería a MacNamara que me ofrecieran una compensación importante desde el punto de vista económico para que yo "no hablara". Ese correo electrónico, enviado el 8 de febrero por Peyronnin a McNamara y a Alan Sokol, jefe de finanzas, era otra pieza más en este extraño rompecabezas que logré armar años después.

Al día siguiente de mi despido tuve que enfrentar la dura realidad: mi marido y yo estábamos al borde de la bancarrota. La tragedia reciente de las Torres Gemelas había paralizado la economía. Renzo, que es constructor de casas, no había logrado vender la última propiedad que acababa de construir. Teníamos una hipoteca más que pagar, él no tenía ingresos y yo no tenía trabajo.

Ante este cuadro que acabo de describir lo único que me quedaba era, una vez más, arrodillarme ante el Altísimo. La Madre Teresa le dijo al presidente Clinton en una ocasión que *los hombres debían pasar más tiempo de rodillas*. Cuán cierto es. Ese lunes 15 de abril me arrodillé al borde de mi cama y pregunté: *¿Cómo me vas a ayudar ahora? Dice en uno de tus salmos que Tú "rescatas mi vida del hueco"; pues te adelanto que éste está bien oscuro. No te demores.*

Ese mismo día llamé a Emilio Estefan. Llevábamos meses conversando con la intención de revivir el programa que estaba conduciendo antes de ser nombrada presentadora. Se llamaba *Polos opuestos* y cuando se veía a través de CBS-Telenoticias probó ser una fórmula exitosa.

A Emilio le gustaba la idea y, ahora que estaba yo fuera de Telemundo, se empeñó mucho más en ayudarme. Me llamaba todos los días. Él sabía que era un golpe demoledor. Le agradeceré siempre su admiración por mi trabajo y su empeño en ayudarme.

La única otra cadena que podía comprar el programa era Univisión y no daba señales de querer producir nada nuevo. Entonces, empezaron a pasar los meses y nosotros a devorarnos los ahorros. En mayo, Catriel volvió con otra noticia. Esta vez la "reina del canal", como ella misma se había bautizado, decía tener una "bomba", una grabación que la salvaba ante la justicia peruana. No le presté tanta atención. Estaba demasiado absorta en mis propios problemas económicos y pensé que nada que hiciera Laura Bozzo tendría que ver conmigo.

El 17 de julio de 2002, la verdadera "bomba" noticiosa estallaba: Laura Bozzo, la abogada de los pobres, fue detenida por la Policía Judicial de su país cuando se subía al avión que partía para Nueva York, en donde la conductora iba a grabar un especial de televisión precisamente dedicado a la tragedia del World Trade Center. Ella estaba con sus hijas y la bajaron del avión en medio de insultos, gritos y escándalo. El espectáculo fue dantesco, digno de lástima. Había sido acusada de corrupción por la justicia peruana y tenía sobre sí una orden de arresto domiciliario y prohibición de salida del país. Bozzo no tenía casa oficial en Perú, así que fue encerrada en los estudios "Monitor", donde se grababa su *show* para Telemundo. La noticia dio la vuelta al mundo.

VI. LA SOLEDAD DEL ESCÁNDALO

El poder de la infamia

> *Aunque atraviese un valle de tinieblas, no temeré ningún mal, porque tú vas conmigo. Tu vara y tu cayado me infundirán aliento.*
>
> Salmo 22-23:4

Después de mi despido de Telemundo en abril de 2002, las dificultades económicas no se hicieron esperar: la tragedia del once de septiembre había dejado al país entero en la ruina emocional y económica, y el negocio de mi marido, el de la construcción, estaba paralizado. Todos nuestros ahorros se hallaban invertidos en una vivienda que estábamos construyendo y que ahora valía menos de la mitad de su precio original. La casa de mis sueños se estaba convirtiendo en una pesadilla. Se aproximaba otro momento de pelear la batalla de la fe. Sabía que todo aquello era transitorio, que saldríamos del hueco con la mano del Altísimo. Pero en el momento, no les niego que a veces era presa de la desesperanza y de la impotencia. Me arrodillaba a menudo: *Señor, dame fuerzas, sácame del hueco. Tú has prometido prosperidad.*

Me dediqué a tratar de colocar mi programa *Polos opuestos* en Univision, o en el mismo Telemundo de la mano de Emilio Estefan. Estaba tranquila, segura de que el programa se vendería y saldríamos de aquella terrible situación económica más rápido de lo esperado, con la ayuda del Señor.

Mientras tanto, el juicio al ex asesor fujimorista Vladimiro Montesinos por peculado, corrupción, narcotráfico, abuso de poder, extorsión y sesenta cargos más seguía en el Perú, cada vez con más controversia y arrastrando a más gente en el camino hacia el despeñadero.

La segunda semana de julio de 2002 se difundió en Lima otro de los llamados "vladivideos". En éste se mostraba una conversación entre Montesinos, quien seguía para entonces recluido en la prisión de El Callao, y el propietario de América Televisión de Perú, José Francisco Crousillat. Era el canal para el cual Laura Bozzo trabajaba y desde donde, originalmente, producía su programa *Laura en América.* En la reunión, grabada por Montesinos en su "búnker", se dialogó sobre los contenidos y sobre algunos aspectos de la producción de programas especiales que la "conductora estrella" de dicho canal, Laura Bozzo, debía hacer como parte del apoyo de América Televisión a la segunda reelección de Alberto Fujimori. Aquello era una bomba noticiosa y un atentado fuerte contra la carrera de la Bozzo.

Para mí, el subtexto estaba claro: no se puede estar cerca del infierno sin quemarse. Laura Bozzo había jugado con fuego durante muchos años. El mensaje del Altísimo es muy claro: Dios no protege a los impíos.

El 9 de julio, otra bomba estalla: Montesinos declara ante el juez que ella le había ofrecido intervenir para que el gobierno de Panamá le diera asilo político en el año 2000. Montesinos dijo textualmente que *la doctora Laura Bozzo llegó para ayudarme en las gestiones de asilo político, toda vez que era conocida por su programa "Laura en América"; testigo de esta situación es el doctor Pedro Huertas Caballero (ex jefe de la oficina técnica jurídica del servicio de inteligencia nacional,* SIN*), quien la recogió y llevó hasta donde yo me encontraba,* acotó.[24]

Yo sabía que la justicia peruana estaba muy cerca de Laura.

Hasta ese momento, Laura había negado todo vínculo con Montesinos. Dijo que jamás había estado en Panamá, desmentía todas las acusaciones que se le hacían y había logrado burlar a la justicia peruana por falta de pruebas. Pero después del video y de las declaraciones del ex asesor, el 17 de julio de 2002, pasó lo impensable. Como les dije anteriormente, Laura Bozzo fue detenida por la policía judicial cuando se encontraba a bordo de un avión que se disponía a partir a Nueva York.

Yo estaba impactada, pero sabía que tarde o temprano la justicia peruana la haría pagar por sus mentiras. Después, tendría que enfrentar una justicia superior: la del de arriba.

Él vigila todo lo que hacemos y, cuando obramos bien, somos recompensados. Pero cuando nos alejamos de la luz, lamentablemente nuestra vida es un reflejo de la oscuridad. Dice la Biblia: *Jehová no dejará padecer hambre al justo; mas la iniquidad lanzará a los impíos.*[25]

Laura fue acusada de peculado y "falsedad genérica"; el juez anticorrupción Saúl Peña Farfán no la dejó salir del país y le dictó orden de arresto domiciliario. Se le acusaba de haber recibido tres millones de dólares del SIN y de Montesinos para apoyar la campaña de Fujimori a través de su programa. Matilde Pinchi Pinchi, amiga íntima y cajera automática de carne y hueso de Montesinos, era la testigo clave del juicio.

Otras pruebas contra Laura eran el ya mencionado video del dueño del canal para el que trabajaba en Perú y la declaración de otros testigos que afirmaban que Montesinos le había pagado a Bozzo para desprestigiar a Toledo. Sus vínculos con el oscuro hombre estaban más que probados. En otro "vladivideo" se veía a Montesinos diciendo a los comandantes del ejército: *Yo voy a poner a Laura Bozzo de segunda vicepresidenta.*[26]

Toda esta información sobre Laura era sobrecogedora para mí. A pesar de lo mucho que yo sabía de ella, no tenía idea de las redes intrincadas de corrupción, chantaje, extorsión en las que estaba envuelta. Ya no se estaba hablando de una mujer polémica, controversial y escandalosa enamorada de un hombre casado, sino de una supuesta delincuente acusada de delitos sumamente graves.

Los Crousillat se fueron del Perú como fugitivos y ella salió del aire en su país.

Contra todo pronóstico, su programa seguía siendo transmitido por Telemundo y se grababa en los estudios "Monitor". Me maravillaba ver cómo Telemundo seguía apoyando a una acusada de peculado. Era claro que Laura le daba muy buen *rating* a Telemundo, pero no entendía cómo la empresa no se desligaba de ella ante tan graves acusaciones. Por escándalos mucho menores han botado a grandes talentos de las principales cadenas de televisión en los Estados Unidos. Ésa es la doble moral de esta industria.

Ese mismo mes de julio, salieron a relucir los correos electrónicos que Montesinos y yo habíamos intercambiado siendo él aún prófugo de la justicia peruana. La gente me preguntaba si me daba miedo que esos correos me conectaran de alguna manera con el perverso personaje, y sí, claro, me inquietaba que alguien pudiera tergiversar las verdaderas intenciones de mis cartas al ex asesor, pero una vez más me aferraba al Señor y sabía que nada iba a pasarme, pues quien no la debe no la teme. Yo era una periodista en busca de una exclusiva, y nada más. Lo dice claramente la Palabra: *El que camina en integridad anda confiado.*[27] Y yo jamás me he apartado del camino de la integridad.

El 19 de julio, cuando poco después del arresto de Bozzo Christian Suárez, su novio, reveló a los medios que él tenía en su poder una cinta de audio en donde se registraba una conversación entre Laura y un "misterioso personaje", y que la cinta mostraba una supuesta "extorsión", recordé las palabras de mi amigo el maquillador, Catriel, quien meses antes me había dicho que había escuchado a Laura decir algo de una cinta. Me puse en alerta y hablé con mis abogados. ¿Habría sido Laura capaz de grabarme? A esas alturas podía creer cualquier cosa de ella.

Mis abogados se comunicaron con Glenn Dreyfuss, representante legal de Telemundo, para advertirle sobre esto. Pero él dijo que no podían hacer nada al respecto porque "nadie tenía control sobre Laura".

No quedaba más remedio que esperar su próximo paso. El cerco se le cerraba y ella, que clamaba a gritos su absoluta inocencia, daba patadas de ahogado.

El 11 de agosto, el joyero Aldo Noriega dijo ante la justicia peruana que aquel collar y aquella pulsera, que ella me había enseñado orgullosa en el avión hacia Panamá, efectivamente habían sido comprados en su joyería por un hombre llamado Óscar, quien dijo que venía de parte de alguien muy importante. El hombre era el general Óscar Villanueva Vidal, quien los compró por orden de Vladimiro Montesinos. Pinchi Pinchi corroboró esta especie. Las joyas eran otra prueba de que Laura estaba más relacionada con Montesinos de lo que ella admitía públicamente.

Villanueva aceptó que Montesinos le hizo el encargo, pero no le dijo para quién eran los costosos regalos. Bozzo después los lucía tranquilamente en cámara, diciendo que eran regalo de su padre. Mentiras, mentiras, mentiras.

Hasta ese momento Montesinos no había dicho nada más sobre Laura, pero el 15 de agosto anunció que quería hablar. Dijo que, efectivamente, Laura sí se había reunido con él en el SIN para apoyar a Fujimori, junto a Rosy War. Aquello me estremeció. Recordé el mensaje que Montesinos le había mandado a Laura conmigo: "Rosy War". ¿Qué significaba todo aquello? ¿Acaso Montesinos sabía de Laura más de lo que revelaba?

Todo el mundo estaba a la expectativa sobre la próxima declaración de Montesinos sobre Bozzo. Y entonces, el 17 de agosto, Laura dice a la prensa que tiene una "bomba" que la va a salvar. Afirma que va a demostrar "quién es la mala", y que va a probar que Montesinos trató de extorsionarla y ella se negó. Supuestamente, por eso él declaró en su contra. Según ella, Montesinos la había querido chantajear a través de un emisario "vinculado a la prensa extranjera".

Ese mismo día, Catriel me llama y me dice: *En Perú, en el programa "Cuarto poder" que sale los domingos, han anunciado una transcripción de fragmentos de una cinta que Laura ha grabado*. Entonces pensé: ¿de verdad Laura pudo ser capaz de grabarme? ¿A mí? ¿Por qué? ¿Y cuál de nuestras conversaciones grabó? ¿En qué momento ocurrió esto?... La cabeza me daba vueltas. Yo tenía meses sin saber de Laura, sin verla, sin hablar con ella... y no recordaba ninguna conversación que pudiera ponerme a mí en peligro de ningún tipo. Nuestras conversaciones eran, al contrario, muy comprometedoras para ella: me había hablado de su amorío con Montesinos, de las joyas, del viaje a Panamá, de cosas que la ensuciaban, de verdades que ella hasta ese momento había tratado por todos los medios de ocultar ante el jurado acusador. Yo sabía mucho de Laura, podía haberla hundido. Y, sin embargo, había preferido mantenerme al margen de todo ese proceso judicial que sentía que no me pertenecía. Además, yo sentía que todo lo que ella me había confiado era parte de su intimidad, y no quería traicionar esa confianza. Me daba pena con ella, me daba lástima perjudicarla más de lo que ya estaba.

Pequé de exceso de bondad, de ingenuidad, de credulidad. Ahora entiendo que el Señor quería que aprendiera una lección: hay que apartarse de la gente que no tiene a Dios en su corazón, pues al caer ellos —y siempre caen—, tratan de hacerte caer.

Ahí comienza la peor semana de mi vida: el domingo 18 de agosto. Tuve que atravesar un verdadero calvario, y todo por haberle tendido la mano a quien no se la merecía.

Ese domingo, el Canal 4 de Perú reveló la transcripción de una cinta explosiva. Efectivamente, las sospechas de Catriel y las mías propias eran ciertas: Laura me había grabado cuando fui a darle el mensaje que Montesinos le mandó desde El Callao. Pero no sólo me había grabado ilegalmente, sino que había editado la cinta para hacerme ver como vocera de un chantaje. Aquello era una trampa, una maldad de las peores y, definitivamente, lo más duro que me ha pasado en toda mi carrera periodística.

Yo no lo podía creer. Laura trataba de hundirme para salvarse, sin importarle el alto costo que esto podía tener para ella. Quería convencer al juez Peña Farfán con esta grabación de que ella era inocente, de que yo era la mala, la cómplice de Montesinos, una mensajera del mal que se prestaba como vocera del supuesto chantaje que quería perpetrar el ex asesor en contra de la "pobre e ingenua" Laura Bozzo.

En ese momento recordé su destemplada actuación cuando nos vimos... entendí, todo tuvo sentido. Ella repetía la palabra "chantaje" sin razón aparente... gritaba, hablaba hacia la cartera... ahora veo que ya tenía todo planeado. Me utilizó desde un principio, pretendía convertirme en el chivo expiatorio de toda esta historia de suciedades.

Ella había escogido pedazos de la cinta: *Él lo que quiere es que tú le des cien mil... Me lo das o te doy una cuenta...* Eran retazos sacados de contexto, que me hacían parecer como si yo estuviese implicada en algo turbio. Cuando mi único interés era hacerle un favor a Estela Valdivia, la hermana de Fernanda, mi ex compañera de trabajo en Telemundo, y quien tanto me había ayudado para llegar a Montesinos y conseguir la exclusiva para el noticiero.

El lunes 19 de agosto, el noticiero Telemundo abrió con la noticia. Era lo mismo que había salido la noche anterior en *Cuarto poder.* La transcripción de la supuesta conversación. Pero Telemundo hace un escándalo mayor.

Recuerdo como si fuera ayer —y se me revuelve el estómago mientras escribo esto— a Pedro Sevcec, mi ex compañero de labores, diciendo a cámara, para el mundo entero: *Comenzamos en Perú con una noticia controversial acerca de Laura Bozzo, presentadora de un show en esta cadena, y María Elvira Salazar, ex conductora de este noticiero.*

Luego, Ana Patricia Candiani le daba el pase a Liliana Choy, que había sido enviada a Lima para cubrir la historia. Era como un gran circo romano y yo, la cristiana, estaba siendo lanzada al ruedo, con los leones a mi alrededor a punto de devorarme, y el público aplaudiendo y gritando por más sangre. El negocio de la televisión, definitivamente, es el equivalente moderno de aquel espectáculo de los anales de la historia. Si hacer leña del árbol caído nos trae *rating*, pues démosle hasta convertirlo en astillas.

Al final de aquella cobertura que se me hizo eterna, Sevcec dijo a cámara: *María Elvira Salazar trató tenaz y agresivamente de conseguir una entrevista con Montesinos, y ya no trabaja para esta empresa.*

¿Tenaz y agresivamente? ¿Qué clase de calificativos eran ésos? Traté de conseguir una entrevista con el hombre del momento, como hacemos todos los periodistas: con insistencia, con perseverancia. Además, la noticia era presentada como si yo hubiera tratado de conseguir la entrevista independientemente de ellos, del noticiero y de la empresa para la cual trabajaba. Ahora entiendo que a Telemundo le dio miedo que los relacionaran con Montesinos. Trataron de salirse del problema... tirándome a mí al más profundo de los agujeros negros.

Yo temblaba viendo aquello. ¿Qué pensaría de mí la industria? Que soy narcotraficante, que soy drogadicta, contrabandista, que hago lavado de dinero… ¿quién sabe? ¿Cuáles serían los alcances de esta infamia? Mi nombre estaba siendo arrastrado por el piso, puesto junto a los peores criminales del momento. Mi reputación y mi ética periodística estaban siendo destrozadas a dentelladas, en la plaza pública y por las mismas personas para las cuales yo había trabajado con tanta mística y pasión. La empresa que me había encumbrado en la cima del periodismo, no conforme con botarme, ahora me destruía, sometiéndome al escarnio público, basándose en calumnias para enlodar mi nombre.

Todo aquello era como una pesadilla. Mi destino estaba siendo debatido y juzgado por desconocidos, todo escapaba de mis manos. Definitivamente, jamás pensé que pasaría por algo tan grande.

Ese mismo día, el programa *De mañanita* abría con la palabra en pantalla "controversia". La conductora Marian de la Fuente comenzaba diciendo: *Siguen las noticias sobre la controversial conductora de televisión Laura Bozzo. Esta vez implica a la ex presentadora del noticiero nacional de Telemundo, la periodista María Elvira Salazar. Liliana Choy tiene los detalles desde Perú.*

Aquello no tenía nombre. ¿Valía la pena enviar a una reportera a Perú, con todos los gastos pagados, para seguirle el rastro a un chisme? ¿Qué interés tenía Telemundo en la transcripción de una supuesta cinta, grabada, en todo caso, ilegalmente? Parecía algo personal.

Telemundo armó un *show*, era como si se ensañaran en mi contra. Los programas noticiosos difundieron la transcripción de la cinta, ya editada por Laura, reeditada por Telemundo y, además, "leída" por unas actrices que supuestamente nos representaban a Laura y a mí, haciéndome quedar peor aún, pues las inflexiones de la voz en una conversación son de vital importancia para entender el contexto.

Liliana Choy decía: *En esa conversación, Salazar aparece transmitiendo a Bozzo el pedido de Montesinos de cien mil dólares a cambio de que éste no la perjudique…* Esto era algo absolutamente creado; ni siquiera en la edición que Laura había hecho se implicaba algo tan mayúsculo, aquello daba náuseas. No era una noticia, era un *show* amarillista de la más baja calaña, al más puro estilo de los programas que la misma Bozzo conducía.

Los presentadores de los noticieros no explicaban que yo había tratado de conseguir una entrevista con Montesinos con el conocimiento pleno y el permiso de mi jefe Joe Peyronnin, ni que había ido a Panamá con el visto bueno y el financiamiento de la empresa, ni que había contactado a Estela Valdivia gracias a Fernanda, su hermana, que trabajaba para el noticiero (y cobraba los cheques para Estela).[28] Obviamente, no mencionaban nada de la cinta con las declaraciones que me mandó Montesinos desde El Callao, y que ellos gustosos transmitieron en horario estelar porque sabían que era una bomba noticiosa.

Yo pensé que alguien iba a salir en mi defensa. Después de todo, mucha gente en el canal sabía que yo quería entrevistar a Montesinos, tanto que cuando el periodista Guillermo Descalzi quiso hacerlo, una vez que el ex asesor había sido capturado, en el noticiero le advirtieron que yo llevaba años tras la exclusiva. Incluso, y como antes conté, cuando atraparon al fugitivo en Venezuela, Pablo Iacub (productor de *Sin fronteras)* me llamó para decirme que se me había caído la entrevista. Había testigos de que Manny Martínez y Emilce Elgarresta, altos ejecutivos del canal, personalmente contribuyeron a preparar el viaje y la entrevista en Panamá. El mismo presidente de Telemundo, James McNamara, estaba al tanto de todos y cada uno de los pasos que yo di para conseguir una exclusiva con Montesinos para el noticiero estelar. Había pruebas de todo tipo: memorándums, recibos de gastos, cheques pagados, correos electrónicos, facturas... ¿Cómo podían hacerse ahora los desentendidos? Pero así fue. Nadie dijo nada. Como en la más maquiavélica conspiración, querían hacer parecer que nadie sabía nada, que yo estaba actuando por cuenta propia, como si yo hubiera sido dueña de mi propio canal de televisión.

Era absurdo. ¿Quién iba a creerles? Lamentablemente, y como es de todos sabido, una mentira repetida cien veces se convierte finalmente en verdad. Y Telemundo repitió la noticia muchas veces. En todos sus espacios informativos y siempre con el mismo tono descalificador hacia mí. Fue muy doloroso. No hay palabras para describir el sabor de la traición, de la calumnia, del oprobio. Después de entregar tres años de mi vida, sacrificio, profesionalismo y lealtad a esa empresa, veía cómo me despellejaban públicamente sin ningún tipo de ética, justificación o piedad.

Se limitaban a soltar esa información tendenciosa, coloreada convenientemente para hacerme ver mal y convertir a Laura en la víctima. No conformes con haberme despedido sin ninguna explicación y meses antes de que mi contrato se venciera, ahora me difamaban; mi reputación quedaba por el piso. Nunca entenderé por qué tanta maldad. ¿Por defender a su estrella, una mujer implicada en actos de corrupción, peculado, una mujer que estaba presa en Perú y que sin embargo seguía haciendo su programa y ganando dinero...? ¿Todo por el *rating*? No lo justifico.

Telemundo transmitió durante todo el día esta "información" sin bases, sin argumentos, sin corte noticioso, más bien como un chisme de farándula barato, a través de sus distintos espacios noticiosos. Nunca aclararon que se trataba de una transcripción de un "supuesto" audio grabado. Nunca aclararon que eran dos actrices que estaban "recreando" la "supuesta conversación" entre Laura y yo. Nunca dijeron que era ilegal grabar a una persona sin su conocimiento o consentimiento. Era como una conspiración al estilo del cine negro.

La única persona que tuvo la decencia de llamarme para conseguir mi réplica fue Leticia del Monte, quien en ese momento era la productora de *Al rojo vivo con María Celeste.*[29] Pero yo estaba tan mal que no sabía ni qué decir. Me defendí como pude, siempre con la bandera de la verdad, del periodismo... pero la realidad es que no estaba fuerte... estaba abatida, muy golpeada. Ese lunes yo estaba confundida, no sabía si hablar o no hablar, y hasta dónde hablar. Yo sabía demasiado de Laura, de Montesinos, de Panamá... pero no quería estar relacionada con nada turbio, cosas que eran ajenas a mí, cosas que eran territorio de la justicia peruana. Al menos eso pensé ese día. Además, me sentía físicamente enferma, con náuseas y malestar de estómago. La réplica pasó inadvertida y los noticieros apenas hicieron mención de mis palabras.

Recuerdo la cara de mi marido... su rostro por primera vez angustiado, sin saber qué hacer. No teníamos dinero para contratar abogados. El mundo se nos venía encima, con dos niñas pequeñas y sin perspectivas claras por delante.

El martes 20 la pesadilla continuaba. Abriendo el noticiero Telemundo, Pedro Sevcec y Ana Patricia Candiani volvieron a hacer énfasis en "la noticia", como si se tratase de un hecho tan importante como para abrir un noticiero nacional. Decían que ahora la "controversia" había tomado un nuevo giro, porque ya mis abogados hablaban de que Laura había cometido un acto ilegal al grabarme sin mi consentimiento, lo cual constituye un delito federal en el estado de la Florida. Nuevamente, "la noticia" ocupaba todos los espacios del canal.

Paralelamente, Univision sólo hizo mención al hecho en dos oportunidades y punto. Sin darle mayor importancia. Telemundo mantuvo en cambio el circo montado toda la semana sin piedad, y siempre de manera negativa para mí. Por ejemplo, cuando yo le decía a Laura que Montesinos quería dinero para pagarle a su abogada, quitaban la palabra "abogada". Era un rompecabezas armado de manera perversa y acomodaticia.

Ese martes convoqué a una rueda de prensa en las instalaciones del Canal 41. El único que en ese momento me tendió una mano fue su presidente Omar Romay, a quien le estoy profundamente agradecida. Con él precisamente me encontraba negociando contrato cuando todo estalló. Nadie había comprado la idea de *Polos opuestos.* Omar Romay me había ofrecido un espacio en el Canal 41, América TeVe, primer canal local de Miami. Tenía tres años de creado y estaban todavía estructurando su bloque de programación. Yo tenía miedo de que esta oportunidad también se me cayera por el escándalo creado por Laura Bozzo y Telemundo pero, gracias a Dios y a su infinita misericordia, Omar Romay tuvo fe en mí y no me dio la espalda.

En esa rueda de prensa, que tuvo poca asistencia de medios, aclaré que mi intención al llevarle un mensaje a Laura Bozzo de parte de Montesinos fue simplemente hacerle un favor a Estela Valdivia, y que mi única relación con el ex asesor estaba basada en el deseo de conseguir una exclusiva periodística. Acusarme de chantaje o extorsión era, sencillamente, descabellado.

No me dieron ni el diez por ciento del tiempo o la cobertura que le daban a Laura. Después de todo, ella era una estrella y yo, simplemente, una periodista desempleada.

Para colmo de males, ese mismo martes 20 en la noche, Beto Ortiz, periodista, escritor y presentador estrella de la TV peruana, puso en su programa *Dios nos libre* la primera parte del audio. Laura, con su sentido del espectáculo siempre a punto, había elegido al conductor más temido, perspicaz y visto para transmitir, por fin, la tan mentada cinta. ¿Por qué había tardado 48 horas en aparecer el audio? ¿Por qué revelar primero la transcripción? Lo único que se me ocurre es que todo fue parte de una estrategia muy bien planificada. Al presentar la supuesta conversación encarnada por actrices, cambiando las inflexiones originales de la voz, ya se iba creando en el público una opinión negativa hacia mí. Además, Bozzo ganaba tiempo para editar mejor la cinta antes de sacarla a la luz.

Cuando vi por Internet el programa de Beto, sola en aquella fría oficina de mi casa, pensé que mi vida se acababa. Tuve que levantarme varias veces para ir al baño a vomitar.

Por supuesto, el miércoles comenzaron a repetir el audio en Estados Unidos. Seguía el escándalo. Los periodistas del Perú me llamaban, la prensa de todas partes recogía el hecho. Ahora era mi voz la que se oía, diciendo cosas que jamás dije, al menos no en el contexto en el que las hicieron aparecer.

Sentía que toda la industria se burlaba de mí. Veía aquel montaje absurdo en mi contra una y otra vez. Laura decía: *En ese chantaje se va a demostrar que a mí no se me dio ni un solo centavo*. Y se escuchaba mi voz: *Él quiere cien mil dólares*.

Luego la voz de Laura: *¡Esto parece un chantaje!* Los adjetivos que usaban los presentadores eran cada vez más amarillistas: enorme polémica, controversia, escándalo… Definitivamente parecía que había un mandato editorial de Telemundo para todos los conductores de programas noticiosos: debían darle un tinte específico a la nota, debían hundirme. En *Al rojo vivo* decían: *Está en cuestión si comprometió su ética periodística…* Por lo visto, ellos ya me habían juzgado y condenado. En cambio, de Laura Bozzo no decían nada. Su arresto, las acusaciones que pendían sobre su cabeza, sus mentiras, pasaban por debajo de la mesa.

Beto Ortiz transmitió en Perú el audio por entregas. Cada día un nuevo trozo, cual telenovela macabra. Y cada día, Telemundo se encargaba de recoger, multiplicar y adornar aquel chisme y convertirlo en un escándalo de proporciones impensables. Toda la semana tuve que ver, minuto a minuto, cómo mis veinte años de carrera se estrellaban en caída libre sin yo poder hacer nada al respecto.

Pero como la fuerza y el poder de Dios son tan grandes, y su justicia es infinita, a Laura Bozzo esta jugada maléfica no le sirvió de nada. El juez Saúl Peña Farfán no aceptó la cinta como evidencia para su defensa. Sin embargo, mi nombre quedó manchado, enlodado. A veces, por los números del *rating* los canales hacen lo que sea, aunque eso signifique destruir vidas enteras. Aún hoy no puedo explicar cómo este escándalo perjudicó a mi familia. Estuvimos a punto de perderlo todo. Incluso el trabajo en el Canal 41 peligró.

Más tarde, esa misma semana, el novio de Laura Bozzo dijo que había sido él quien había metido una grabadora en la cartera de Laura para grabarla, porque sospechaba que algo extraño pasaba. Christian Suárez juró a los medios que ella no sabía nada de la cinta. Todo me pareció muy calculado para salvarla también de una demanda por haberme grabado ilegalmente.

Era realmente un torbellino de maldad, todos los demonios me atacaban, todas las fuerzas oscuras trataban de destruirme. Esa semana de agosto de 2002 fue la más larga y penosa de mi vida, viví una agonía interminable. No dormí, no comí, tenía pesadillas. Yo no sabía qué era lo siguiente que se iba a inventar Laura, esa mujer era capaz de implicarme en cualquier cosa, de arrastrarse por el lodo con tal de arrastrarme a mí. Lo que nunca esperé fue la actitud de Telemundo. Era como si me clavaran una daga y le dieran vuelta en la herida. Pero como la Palabra dice: *Tú no puedes poner los ojos en los hombres*.

Mucha gente me dio la espalda. Yo era un paria, estaba manchada, profesionalmente muerta. Algunos, a quienes creí mis amigos, decían: no nos mezclemos con ella. Me estaban implicando con gente muy oscura. Yo estaba sola en medio de la escoria.

Entonces, ocurrió cuando me arrodillé por primera vez. Recordé las palabras de la Biblia: *Clama a mí, y yo te responderé, y te enseñaré cosas grandes y ocultas que tú no conoces.*[30] Y yo clamé. Clamé con todas las fuerzas de mi alma, con toda la humildad de mi corazón. Aquélla era una batalla muy grande y yo no podía librarla sola.

Oré, con el corazón abierto y la pasión encendida. Mi fe era lo único que me quedaba. Allí, en el piso de mi habitación, al borde del abismo, traicionada y vejada por los hombres, me agarré de la única fuerza verdadera, la única luz que podía indicarme el camino. Le pedí a Dios que hiciera crecer mi fe. Que me hiciera entender esta prueba tan dura. Que me hiciera nacer de nuevo en medio de la putrefacción y la tiniebla. Que me sacara limpia de todo aquello. Oré inspirada en las palabras de Efesios:

> *Me arrodillo delante del Padre*
> *Y le pido por medio del Espíritu*
> *Y con el poder que procede de sus riquezas*
> *Me fortalezca en lo íntimo de mi ser*
> *Para que por fe,*
> *Cristo habite en mi corazón.*[31]

Y entonces, de inmediato, la paz me invadió. Entendí que no tenía por qué temer. Yo no estaba sola. Él estaba conmigo y me ayudaría a salir del hueco. En medio de la desesperación, mi fe se fortaleció. Y fue lo único que me salvó de hundirme por completo.

Me aferré a la Palabra, y en sus salmos encontré el consuelo. Literalmente: *Busqué a Jehová, y él me oyó y me libró de todos mis temores.*[32]

La oración de rodillas es muy poderosa. Desde entonces, me arrodillo todas las noches.

Antes de la semana de la infamia yo tenía fe, pero arrodillarme era algo que no sabía hacer. Sin embargo, fue en este momento crucial de tanto dolor cuando mi fe creció, comencé a asistir más frecuentemente al servicio en la Iglesia Alpha y Omega, en la ciudad de Miami, a la que aún asisto frecuentemente los domingos. Oraba día y noche, leía la Palabra constantemente. Dice la Biblia que tu fe crece por escuchar la Palabra, y eso hacemos en el servicio. Escuchar e interpretar la Palabra de Dios. Y en ella siempre encontramos consuelo y guía, esperanza y luz, confianza y paz.

Tras la peor semana de mi vida, entendí que todos podemos salir de una crisis, sin importar sus dimensiones, pero no podemos hacerlo sin la ayuda del Altísimo. Cuando me arrodillé y clamé a Dios, entendí que todo sucede por algo. Dios tiene el poder de tornar las cosas para bien, y nunca debemos olvidar que todo está sujeto a cambio. El mal, la oscuridad, la muerte, todo es transitorio. Porque Dios nos ha dado el poder de la resurrección.

Aunque sintamos que nos estamos muriendo, Dios nos da paz. Acercarnos a él nos hace sentir salvados de inmediato. Aunque estés en un momento de crisis, Dios te da un recurso interno muy poderoso que te ayuda y te salva: tu fe. Ése es el regalo del Supremo, que te hace vencedor en medio de la crisis y de la incertidumbre. La fe. La fe en Su Palabra.

El Señor nos ha prometido no abandonarnos jamás. Cuando entendemos y creemos de corazón estas poderosas palabras, nunca más sentimos miedo, ni angustia, ni inquietud ni zozobra. Lo dice claramente la Biblia: *Aunque atraviese un valle de tinieblas, no temeré ningún mal, porque tú vas conmigo. Tu bastón y tu cayado me infunden aliento.*[33]

En la semana de la infamia atravesé un valle de tinieblas. Pero fue lo mejor que me pudo pasar, pues ése fue el momento en el que yo en realidad comencé la batalla de la fe. La única guerra que el cristiano tiene que librar es consigo mismo y con la falta de fe. Ése es el gran desafío. El enemigo más grande de los hombres no es Satanás, es la falta de fe. Porque el demonio no te puede tocar cuando tienes fe en Jehová.

Es difícil pensar así cuando uno está metido en el lodo. Más de una vez he escuchado a alguien decir: *No tengo casa, ni marido, ni papeles, ni dinero… ¿y crees que tendré fe?* La paradoja es que precisamente para eso es la fe. Para sacarte del lodo. Cuando tienes fe, tú dices: *Yo no sé qué oportunidad se me va a presentar, no sé cómo saldré de esto, no sé cómo me vas a sacar de este hueco, Señor, pero tengo fe. Voy a atravesar el valle de tinieblas*. El solo hecho de tener esta certeza te da paz. Todavía no has salido del problema, pero estás convencido de que saldrás. Es como si alguien te dijera: *No te preocupes, que en un mes te llega un cheque por una herencia que te ganaste.* Aunque aún no tengas el dinero en la mano, ya duermes tranquilo porque sabes que la solución viene en camino.

Pues exactamente así opera la fe en Jehová. Puedes estar metido en el más negro de los agujeros, pero sabes que él te sacará y esto te da la paz que trasciende el intelecto y llega al corazón. Por eso decimos los cristianos que la fe es la seguridad de lo que se espera, la convicción de lo que no se ve.

En el momento más negro, más terrible de mi vida, sometida a la ignominia, desterrada de mis predios como una leprosa, apedreada en público como una delincuente, aguantando las críticas de mis colegas y siendo acusada de un crimen que no cometí, sentí que había llegado el fin. Pero puedo asegurarles con toda mi alma, vida y corazón, que en el mismo instante en el que me arrodillé ante el Señor, sentí paz... Una paz que me acompaña siempre, no importa lo que pase. En medio del dolor, descubrí la gran verdad que hasta hoy rige mi vida: si Dios está conmigo, nadie está contra mí.

VII. REMONTANDO LA CUESTA

Mi lucha contra la desesperanza

Lo que el impío teme, eso le vendrá;
Pero a los justos les será dado lo que desean.

Proverbios, 10:24

Es muy difícil avanzar cuando no se sabe a dónde ir. Y así me sentí después de esa terrible semana de agosto, que bauticé como "la semana de la infamia". Si no hubiera sido por la mano poderosa de Dios, que me rescató y me salvó del pozo del infierno, yo habría muerto.

Me entregué al Señor y a sus designios, y dejé que Él guiara mi vida. Y comenzó la reconstrucción de mi existencia, como quien recoge uno a uno los pedacitos de escombros que ha dejado el paso de un huracán.

Lo primero era hacer justicia. Poco después de darse a conocer la infame grabación, fui citada por el juez Saúl Peña Farfán para declarar en el caso de Laura Bozzo.

El primero de septiembre de ese mismo año 2002, el general Óscar Villanueva Vidal, testigo clave en contra de Laura, antiguo aliado de Montesinos y quien había sido citado para testificar sobre las famosas joyas que Laura Bozzo había recibido de su amante, apareció muerto en la casa de su hermano, en donde acataba la orden de arresto domiciliario.

Supuestamente se había suicidado, justo antes de brindar declaraciones sobre la cuestionada compra del collar y el brazalete por un monto de veinte mil dólares. Era el segundo testigo que aparecía "autoeliminado".

Obviamente yo estaba aterrada. Hablamos de personajes muy peligrosos, vengativos. Un mundo de espionaje, mafia, asesinatos... crímenes que estaban más allá del alcance de mi imaginación. Pero tenía a Dios de mi lado, y en su Palabra siempre encontraba el consuelo y las respuestas que necesitaba:

El que habita al abrigo del Altísimo
morará bajo la sombra del Omnipotente.
Diré yo a Jehová: Esperanza mía, y castillo mío;
mi Dios, en quien confiaré.
Él te librará del lazo del cazador,
de la peste destructora.
Con sus plumas te cubrirá,
y debajo de sus alas estarás seguro;
Escudo y adarga es su verdad.[34]

Éste es uno de los salmos más conocidos y repetidos por los cristianos.

Así pues, pude vencer el miedo. A pesar de que podía negarme, por ser extranjera, a declarar en un juicio del Perú, acepté gustosa. Era tiempo de revelar la verdad, ésa que según el Señor nos hace libres.

A finales de septiembre, me presenté ante el juez Peña Farfán en el Consulado General del Perú en Miami. Durante doce horas estuve contando, con detalle absoluto, todo lo que sabía de Laura Bozzo y su relación con Montesinos. Era la primera vez que alguien atestiguaba haberla visto —y estado con ella— en Panamá. Conté lo que Laura me había dicho de su romance, del búnker, de las joyas y hasta del ofrecimiento de matrimonio.

Le dije al juez que el presidente de la cadena estaba al tanto de nuestro viaje a Panamá, y le relaté cómo habíamos contactado a Estela Valdivia. También le hablé de la conversación que se reflejaba en la grabación, y le dije que la cinta había sido editada para que no se escucharan las confesiones de Bozzo sobre su amorío con Montesinos.

Por supuesto que yo sabía que estaba contando cosas muy delicadas y comprometedoras, pero, otra vez, quien no la debe no la teme. Ahora, quienes debían afrontar la justicia eran los que hasta entonces habían mentido.

Nunca entendí cómo Laura había sido tan bruta. Me había obligado a revelar sus confesiones más íntimas.

***

Tuve que endeudarme más de lo que ya estaba para pagar abogados, pero, aunque me costó tres años salir de las deudas, valió la pena. Uno no puede vivir con miedo. Eso significa dejarles el camino libre a los demonios para que se salgan con la suya. Uno debe armarse de valor, siempre al lado de Dios, y enfrentar las fuerzas del mal con la seguridad de que el bien siempre vence. Dios llama necios a los calumniadores, y por eso los cristianos estamos en la obligación de desenmascarar la calumnia, la intriga y la mentira. Y eso hice.

Por supuesto, Laura siguió mintiendo. Seguía negándolo todo. Pasaron años antes de que ella cambiara su testimonio y admitiera, al menos, parte de la verdad.

***

El 30 de septiembre salió al aire el primer programa de *María Elvira confronta,* a través de América TeVe, Canal 41 de Miami. Omar Romay me había dado plena libertad, así que le presenté un formato hasta entonces no explorado en la televisión hispana: un programa noticioso pero a la vez entretenido. Un debate informativo con contraste de opiniones, en el que todo el mundo tenía cabida. Presentábamos puntos de vista distintos sobre cada tema para generar una polémica argumentada con base y contenido.

¿Mi primer programa?: Laura Bozzo *vs.* María Elvira Salazar.

Sabía que tenía que volver a la televisión, después de cinco meses fuera del aire y toda la infamia a la que fui sometida, precisamente metiendo el dedo en la llaga que tanto me dolía. Era la única forma de sanar. Además, todo el mundo hablaba del famoso escándalo, así que ¿quién mejor que una de sus protagonistas para hablar de él?

Invitamos, pues, a dos personajes muy respetados, cada uno con un punto de vista muy personal acerca del tema: Guillermo Descalzi, quien había sido mi compañero de trabajo en Telemundo, y Beto Ortiz, el conocido periodista peruano al que Laura le había dado la cinta para que la revelara en su popular programa peruano llamado *Dios nos libre*.

Descalzi había tomado una postura pública muy fuerte contra Laura Bozzo desde el momento de su arresto y posteriormente en todo lo referente a su juicio. Siendo peruano, la criticaba duramente. A través de su programa radial diario *Descalzi en directo*, que se transmitía por Radio Única, el sagaz periodista había mantenido al público informado de todos los pormenores del caso contra Bozzo. Al momento en el que salió la grabación, de inmediato fijó posición en mi defensa.

Para mí el apoyo de Descalzi era crucial. Se había caracterizado por la objetividad en sus coberturas, y su credibilidad dentro de la comunidad latina de los Estados Unidos era incuestionable. Así que lo invité para que fungiera como una suerte de "abogado defensor" de mi parte, y él aceptó de buena gana.

Omar Romay aceptó traer a Beto Ortiz desde el Perú para defender a Laura. Según el propio Descalzi: *En este programa, Beto Ortiz se presenta y dice que él viene con el cuchillo en la boca a defender a Laura.*[35]

Recuerdo que la reacción de Beto, cuando lo llamé, fue de total impacto. Él no podía creer que eso estuviera sucediendo. Hoy, recordando el hecho, Beto escribe: *No cualquiera invitaría a su show a alguien que la llama "Embajadora de Montesinos", pero el hecho de que tuviera las agallas de hacerlo hablaba muy bien de su personalidad y también de su inteligencia para estructurar un programa que resultó enormemente polémico al punto de que, en los días siguientes, la gente me paraba por las calles de Miami a comentarme el show, siendo yo un absoluto desconocido para ese público.*[36]

Efectivamente, y gracias al Señor, el programa tuvo buena acogida. Romay fue el primer sorprendido. Estamos hablando de un canal *low power*, es decir, había que pagar a los operadores de cable para que lo incluyeran en sus paquetes de distribución y la gente pudiera verlo. Era muy duro competir así con las cadenas nacionales. Sin embargo, yo estaba dispuesta a dar la pelea. Me arrodillaba cada noche para darle gracias al Altísimo que me había dado la oportunidad de tener trabajo otra vez. Yo quería darle la gloria públicamente pero no sabía cómo. Entonces, recuerdo un domingo en que le pregunté al pastor Alberto Delgado con cuál frase podía cerrar mi programa. Pensó por un momento, y me sugirió la frase de Romanos: "Si Dios con nosotros, quién contra nosotros". Me gustó pero necesitaba ser más pegajosa. Se me ocurrió hacerla más personal: "Si Dios contigo, ¿quién contra ti?" Hasta hoy, se ha convertido en un mantra que me ha llenado de unción y bendiciones. Tan grande es el poder de Jehová, y tan generoso es Él con quienes transmiten su mensaje. Lo dice claramente la Biblia: *Si me reconoces en público, yo te reconoceré ante mi Padre.*

Yo pensaba que después del programa, en el que pude dar mi versión de los hechos, se aclararon muchas cosas y salieron a la luz tantas verdades, el capítulo Bozzo en mi vida había quedado cerrado. Sin embargo, al poco tiempo, su maldad volvió a estallarme cerca.

El 10 de octubre leí en la prensa un titular que me estremeció: *DESCALZI ACUSA A LAURA BOZZO POR SU DESPIDO DE TELEMUNDO.*[37]

La noticia decía lo siguiente: *El periodista peruano Guillermo Descalzi fue despedido el martes por la tarde de la cadena Telemundo, unas 24 horas después que la animadora peruana Laura Bozzo supuestamente amenazara telefónicamente, desde su arresto domiciliario en Lima, con hacer que lo sacaran de la emisora.*

El poder de Laura Bozzo era inmenso, al igual que su sed de venganza.

En casos como éste, la protección del Señor es lo único que puede salvarnos. Ante tanta maldad, hay que arrodillarse, orar y pedir fuerzas para neutralizar a esos leones rugientes que nacen del odio.

Descalzi tenía un puesto importante en un programa dominical llamado *Sin fronteras*. Según declaró a la prensa Sachari Milián, productora por entonces del programa de radio de Descalzi, Laura Bozzo llamó a Radio Única el lunes en la tarde, justo después de que Descalzi había entrevistado a Luz María Salazar. Esta humilde peruana había contado, al aire, cómo su hija Andreína, de cinco años de edad, había sido atropellada en 1995 por el chofer de Laura Bozzo, Hugo Vente Taboada, en una esquina de Lima. La niña murió a causa del impacto.

La prensa recogió que Bozzo le dijo a Sachari, según esta última, que *iba a pedir a Jim McNamara que sacara a Descalzi porque ella no podía trabajar en la misma estación que su mayor enemigo.*[38] 24 horas después Descalzi estaba fuera de Telemundo.

Descalzi declaró en ese momento a agenciaperu.com que, ya en una anterior oportunidad, Joe Peyronnin lo había llamado para advertirle que bajara el tono al referirse a la "abogada de los pobres": *Vivimos en un país libre pero hay que tener cuidado con Laura Bozzo.*[39] Descalzi no se amilanó y pagó un precio muy alto por su valentía.

Para quien dudara del peso de la Bozzo en Telemundo, y de su participación en mi despido, el caso de Descalzi tendría que haber servido de prueba de que, definitivamente, meterse con Bozzo era meterse con el Diablo.

Pero cuando uno camina por la senda del bien, los resultados no se hacen esperar: el programa *María Elvira confronta* se convirtió en un éxito. Como dice la Palabra: *El justo no será removido jamás. Pero los impíos no habitarán la tierra.*[40]

El 41 era un canal pequeño, prácticamente en pañales, pero había muchas ganas de trabajar. Claro que para mí fue muy duro el cambio, un gran aprendizaje. Yo venía de una cadena nacional, de hacer un noticiero estelar para el que trabajaba un equipo de producción grande y experimentado.

En América TeVe era como empezar de cero. Tenía que estar pendiente de todos los detalles, de la producción, del libreto, de la escenografía... todo. Comencé a trabajar doce, catorce horas al día. Los fines de semana preparaba los contenidos de la semana. No tenía descanso, no paraba. Ganaba tres veces menos de lo que ganaba en Telemundo y tenía un equipo de producción amateur, pero jamás perdí la fe. Dios me daba fuerzas para, paso a paso, subir esa cuesta que estaba frente a mí. No tenía lugar para el cansancio ni la queja. Tenía que reconstruir una carrera de veinticinco años. Ya estaba en el camino. En la falda de la montaña.

Casi inmediatamente comenzamos a ver crecer los números del *rating*: dos, tres, cuatro puntos. Me di cuenta de que, a pesar de que muchos de mis colegas me habían dado la espalda, el público me seguía queriendo. Una bendición que aún hoy el Altísimo sigue derramando sobre mí. Los meses pasaban y las cosas caminaban. Unos días eran mejores que otros pero mi fe seguía creciendo.

***

Un día, estando yo en la pequeña salita de maquillaje del 41, viene el padre de mis hijas y me dice con una cara de tristeza que me conmovió hasta los huesos: *Tenemos que vender la casa*. La famosa casa sobre la que tanto les he contado se había convertido en una carga económica insostenible. Los pagos mensuales, los impuestos, el mantenimiento, nos estaban matando.

En ese momento, Renzo había recibido una oferta de un especulador por menos de la mitad de lo que valía. Era una solución lógica a corto plazo para salir del problema. Pero yo sentí dentro de mí que no debíamos hacerlo. Le dije a mi marido que no lo hiciera, que no la vendiera. Que prefería terminar en la corte, con la casa embargada, que vendérsela a un especulador. Habíamos invertido demasiada energía, tiempo, dinero e ilusiones como para tirar todo por la borda en un momento de desesperación. A él aquello le pareció una locura. Pero yo le dije: *Confía en mí. El Señor nos va a ayudar a vender la casa en tiempos mejores. Yo lo declaro y lo establezco, y como estoy tan segura te libro a ti de toda responsabilidad. Si caemos en bancarrota, yo soy la culpable, no tú*.

Nuevamente, iba por fe y no vista. Me agarraba de las promesas de prosperidad tan bien explicadas en la Biblia. Poco después, fui con el pastor Delgado a bendecir la casa. Allí oramos: *Señor, tú, que eres el dueño del oro y la plata, dame el poder para hacer las riquezas*. Ahí está la promesa de prosperidad, en la Biblia, claramente escrita: *Acuérdate de Jehová tu Dios: porque Él te da el poder para hacer las riquezas, a fin de confirmar su pacto que juró a tus padres, como en este día.*[41]

Él te lo promete, es cuestión tuya creerlo. Yo jamás dudé de esa promesa y Dios recompensó mi fe: alquilamos la casa y, dos años después, logramos venderla en muy buen precio, recuperar lo invertido y obtener una gran ganancia. Así de grande es el poder de Jehová, y lo único que pide a cambio es que nos acerquemos a Él.

***

Aunque las condiciones laborales no eran las óptimas, tenía un trabajo que me permitió salir del hueco, aprender lo que se debe hacer detrás de las cámaras y convertirme, finalmente, en la productora, en la dueña de mi propio *show*.

Dios tiene el poder de tornarlo todo para bien, y todo lo que nos sucede en la vida tiene una razón de ser. En el momento, en medio de la asfixia, no lo vemos así. Pero si en ese preciso instante, de rodillas, nos aferramos a la grandeza de Jehová, Él nos señala el camino más pronto de lo que creemos.

Otra de las cosas que me permitió mi paso por un canal local fue estar más en contacto con el día a día de lo que ocurre en Miami. La comunidad latina de Miami es única en el mundo, pues se juntan los exilados políticos y económicos de todas partes del continente americano.

Es un hervidero de ideologías políticas contrastantes, grupos atomizados con sus propias culturas y sus propios intereses y, a la vez, todos con un objetivo común: la búsqueda de una vida mejor para sí mismos y para los suyos en tierras de libertad. Así que, cuando algunas personas me decían que por qué no me iba de Miami a buscar trabajo en Los Ángeles o en Nueva York, por ejemplo, en la televisión en inglés, yo respondía que no, que Miami era mi pueblo y quería que mis hijas crecieran aquí, con el calor de la latinidad, hablando español y respirando el aire caliente de estas tierras nuestras.

En ese pequeño galpón en el que funcionaba el Canal 41 aprendí a escuchar a la gente, a tomarle el pulso a la cotidianidad. Aprendí a valorar aún más el trabajo de la producción: una montaña rusa que cambia de curso minuto a minuto. En un programa noticioso en vivo hay que estar atento todo el tiempo. Uno no puede darse el lujo de pestañear siquiera un segundo.

Así pues, a pesar de no tener los lujos que tenía en Telemundo, ni la exposición internacional, ni el sueldo, a pesar del temor de que mi carrera se devaluara y de que no pudiera levantarme, yo contaba día a día mis bendiciones y sabía que estaba al principio de un camino hacia arriba y que saldría adelante porque la mano de Jehová siempre te rescata.

Oraba cuanto podía, que nunca ha sido todo lo que debo, pero aun así le decía, en voz alta: *Yo voy para arriba, Señor. Sé que me vas a llevar a un lugar mejor, donde voy a ganar mucho más y voy a tener el mejor equipo de producción del mundo*. Y sí, es importante orar en voz alta, porque hay que decir con la boca lo que uno cree en el corazón. Establecerlo, decretarlo y exigirlo: *Yo lo pido en fe y no por vista, Señor. Dame lo que tú prometes, y apresura tu palabra para ponerla por obra.*

María Elvira confronta fue tomando forma y, aunque todo era muy precario, gustó. Era un concepto nuevo, diferente, siempre había discusión, calor, temperaturas altas. Discutíamos temas álgidos, lo que estaba en el tapete: homosexualidad, maltrato, violencia doméstica, celibato... siempre con la participación de expertos con opiniones opuestas. Claro que era difícil encontrar un productor adecuado, porque la mayoría de los productores de habla hispana venían de hacer *talk shows* o noticieros. Y mi programa no era ni una cosa ni la otra. Más bien era un híbrido que se iba haciendo con el día a día, por la práctica de ensayo y error.

Ya en diciembre de ese año pude ver la luz al final del túnel. Los *ratings* gracias a Dios se mantenían en cuatro puntos, que para entonces era lo máximo que había alcanzado el 41. Esa Navidad mi familia y yo tuvimos mucho que agradecer: teníamos salud, dos hermosas hijas, amor, paz en nuestros corazones... y yo había logrado sobrevivir a la peor pesadilla de mi vida. Era como si me hubiese arrollado un camión y me hubiese dejado en coma. Pero me levanté y estaba en vías de recuperación. Eso sí, no niego que el proceso de rehabilitación fue durísimo.

Pero nunca dejé de agradecer a Dios por lo que tenía y por lo que vendría. Agradecer por adelantado es muy efectivo, es como visualizar las bendiciones en camino para nosotros. Me arrodillaba afirmando: *Señor, gracias porque sé que seré la primera en el mercado, me vas a levantar los ratings, voy a ser la número uno.* Eso te llena de paz y tranquilidad. Esa paz, les repito, trasciende el intelecto y te llega al corazón.

Cuando tienes fe, no te dejas abatir por las circunstancias. Al contrario, la fe hace que tú cambies las circunstancias. Te da la convicción para saber que no te vas a caer. Y la fe crece cuando uno lee la Biblia porque le recuerda a tu espíritu, no a tu mente, lo que está prometido para ti. Los domingos asisto al servicio. Es la mejor manera de no soltarse de la mano de Dios, pues a veces las ocupaciones de la vida cotidiana nos apartan.

Es importante que cada día le dediquemos unos minutos al cultivo de esa gracia divina. Me cuesta describirles con palabras la maravilla, la felicidad, la tranquilidad que nos invaden cuando oramos con fe. Es una sensación que recorre el cuerpo, el alma, el espíritu. Leyendo la Palabra, orando, asistiendo al servicio, nos conectamos con Dios. Y cuando estamos conectados con Dios nada nos turba. Así de grande y, a la vez, así de sencillo.

Mientras todo esto pasaba en mi vida, Laura Bozzo seguía siendo la estrella de Telemundo. Lo que nadie sabía es que detrás de esa cara de mujer exitosa, conductora de televisión, millonaria, encaramada en finos zapatos de tacón alto y envuelta en ropa de diseñadores caros, su vida era un infierno. En Perú, su programa no se veía. No era profeta en su tierra. Y al contrario, el juicio contra ella continuaba, siempre en medio de escandalosas revelaciones. La muerte de testigos, las mentiras de la propia Laura, la corrupción y la oscuridad, rodeaban el proceso y demoraban la decisión del juez.

En febrero de 2003, Matilde Pinchi Pinchi declaró ante el jurado que ella personalmente se encargaba de preparar los paquetes de dinero para Laura, por orden de Vladimiro Montesinos. Más tarde, ese mismo mes, el ex asesor de Montesinos, Pedro Huertas, corroboró mis declaraciones y dijo que él mismo había buscado a Laura en el Hotel Bristol de Panamá (en donde ambas nos hospedamos en octubre de 2000, en el viaje que hicimos para supuestamente entrevistar a Montesinos) y la había llevado a ver al monje negro. Huertas dio detalles de las reuniones de Bozzo con Montesinos, revelando hasta la manera en que ambos estaban vestidos.[42]

La verdad, ésa a la que tanto temía Laura, salía a la luz. Y por mucho que ella se empeñara en tapar el sol con un dedo, la fuerza de la justicia terminaría alcanzándola. Nada está oculto entre cielo y tierra, al menos no para siempre.

En marzo de ese 2003 estalló la guerra de Irak. En nuestro *show* comenzamos a hacer una cobertura diaria y precisa sobre los hechos, y logramos lo que yo había decretado: obtuvimos diez puntos de *rating*. Omar Romay estaba impactado; él no pensó que podríamos lograrlo, pero yo siempre supe que sí era posible. *Señor, la palabra promete que tú me das el poder, entonces dámelo*. Así oraba, y así me fue dado.

Dios no promete belleza, ni un marido rico, ni esbeltez, ni ser la más famosa... pero sí promete salud, paz, gozo, larga vida y el poder para hacer las riquezas. Promete abundancia en todos los campos de tu vida. Sólo tenemos que pedírselo con fe. Yo la tuve y la tengo. Usted también la puede tener.

VIII. VOLVER A CAER

Otra, sí, otra batalla de fe

No desmayes delante de ellos,
porque Jehová tu Dios está en medio de ti,
Dios grande y temible.

Deuteronomio, 7:21

Nada es imposible para Dios. Y para los que creemos en Él, para los que nos abrigamos bajo su sombra y vivimos según su ejemplo, tampoco. Algunos podrán pensar que éstas son palabras bonitas de fanáticos evangélicos, pero yo he visto materializarse estas afirmaciones en mi vida. Cada día, yo soy testigo del infinito poder del Altísimo.

Una muestra concreta de la grandeza de Dios fue el éxito inmediato que alcanzó mi programa en el Canal 41. Pedí con fe y Él me respondió. Le pedí prosperidad, le pedí éxito y terminé teniendo los diez puntos de *rating* que nadie pensó que podía obtener un *show* en un canal local casi desconocido, compitiendo con las grandes cadenas nacionales de habla hispana.

María Elvira confronta me volvió a colocar en el panorama de los medios y del periodismo. Y si no podía considerarme yo una estrella nacional por no estar en un canal que se viera en todo el país, al menos sentía que estaba recuperando lo más importante para mi carrera: mi prestigio y el respeto del público.

Sólo un año después, hacia mediados del año 2003 y precisamente gracias al interés cada vez mayor que despertaba mi programa, ocurrió un milagro: me ofrecieron triplicarme el sueldo en un nuevo canal que se abría en el sur de Florida.

Se trataba precisamente del Canal 22, que para ese entonces todavía no era "La Mega" de hoy. Lo había comprado un médico de Los Ángeles, llamado William de la Peña, y prometía ser una estación de vanguardia en el panorama mediático del sur de Florida. De la Peña era conocido porque había comprado otras emisoras en el área de Miami y le había ido bien.

La oferta venía respaldada por Mara Rankin, quien había sido jefa de ventas de Univision y que ya estaba trabajando con él. En el proyecto también figuraba Eduardo Suárez, un director técnico con gran trayectoria en los medios de TV en español. Además, el contrato era por dos años y la cantidad de dinero, irresistible.

A pesar de que De la Peña no tenía mucha experiencia en medios más allá de comprar y vender canales en la región, el hecho de tener a Rankin como aliada era como un sello de garantía. Además, el 22, a diferencia del 41, era un canal *full power,* es decir, por ley federal todos los proveedores de cable tenían que transmitirlo obligatoriamente. El Canal 41, al ser *low power* por no tener gran fuerza en su antena, tenía que pagar para ser transmitido por los cableros locales.

Sopesando todo esto, di gracias infinitas a Dios, pensando que De la Peña era un milagro, lo mejor que podía pasarme. Salté del Canal 41 al 22 en agosto de 2003. Le di las gracias a Omar Romay, dueño del 41, por haberme dado la oportunidad que me había facilitado la nueva propuesta que se presentaba ahora.

Un mes antes, el 17 de julio, Laura Bozzo ya cumplía un año bajo arresto domiciliario. La diva, que tantas veces había jurado ante las cámaras que ella saldría de su cautiverio en un mes, no sólo seguía presa, sino que estaba sometida a los escrutinios de un juicio implacable que seguía sacando a la luz pública los más oscuros secretos de su pasado.

El juez anticorrupción Saúl Peña Farfán, encargado del proceso legal que se le seguía en Perú a Vladimiro Montesinos, había abierto un proceso penal contra ella por los delitos de "complicidad en peculado y falsedad genérica".[43]

Pero Telemundo seguía transmitiendo su programa, y más aún, dándole cada vez más apoyo de producción. Tanto así que enviaron a Perú a Miguel Ferro, uno de los mejores productores de televisión que tiene el medio hispano.[44] En ese mismo mes de julio le renovaron su contrato.

El programa de Laura era de los más vistos de toda Latinoamérica. En su tierra natal, sin embargo, no se transmitía. Y, otra gran ironía del momento, esta reina de la pantalla tenía tanto pánico a que en cualquier momento la enviaran a la prisión de Santa Mónica en Chorrillos,[45] que sufría de ataques de pánico y debía respirar en bolsas de papel; tal y como ella misma me lo contó cuando nos volvimos a ver en una entrevista que me concedió, a finales del 2008, para mi programa *María Elvira Live.* De ese nuevo encuentro les contaré más adelante.

Laura me confeso que durmió en el suelo ocho meses mientras estaba presa en los estudios Monitor, que no quería ir a la cárcel por miedo a ser violada, y que tuvo que separarse de sus hijas, al punto de perderse la fiesta de quince años de la niña menor, su graduación de la universidad y otras fechas importantes. Era una reina sin trono, una diva de oropel. Sola en la cumbre de su montaña de números, *ratings* y dinero. Cuando se apagaban las luces del estudio, ella debía enfrentarse a sus demonios, a las consecuencias de sus actos... porque en esta vida todo se paga. Ya lo dice la Palabra:[46]

> *El temor de Jehová aumentará los días;*
> *mas los años de los impíos serán acortados.*
> *La esperanza de los justos es alegría;*
> *mas la esperanza de los impíos perecerá.*
> *El camino de Jehová es fortaleza al perfecto;*
> *pero es destrucción a los que hacen maldad.*

Cuando pensaba en ella sentía lastima, sin saber lo grande de su infernal encierro. Por mi parte, tenía una vida feliz. Mis dos hijas tenían salud, crecían a mi lado. Tenía un trabajo que me consumía 12 horas al día, pero me daba satisfacción. Había logrado ver un panorama económico más sólido.

Mientras tanto, en Lima, Miguel Ferro se convirtió en más que su productor. Según él mismo cuenta: *Había momentos en los que no podíamos contener las lágrimas, cuando todo el público se iba. El día de su cumpleaños la gente le trajo regalos al estudio.*[47] Él mismo trataba de hacerle el cautiverio más agradable pero, a pesar de todo, la inmensa soledad, la separación de sus hijas y el miedo al futuro consumían a Bozzo.

En septiembre de 2003 salió al aire el primer programa de *María Elvira confronta* a través del recién estrenado Canal 22. Yo estaba feliz, esperanzada, ganando incluso más de lo que había ganado en Telemundo y en un canal que prometía ser fantástico.

El padre de mis hijas y yo, después de haber atravesado momentos económicos realmente duros, veíamos la luz en la superficie. Pudimos estabilizarnos y tapar los huecos financieros que veníamos arrastrando desde mi despido hacía ya más de un año.

Sin embargo, no todo era tan maravilloso. De la Peña y Rankin no habían logrado armar un bloque de programación consistente, es decir, diferentes programas desde las siete de la noche hasta las once. Durante el día, el canal transmitía únicamente "infomerciales". Mi programa a las

8:00 p. m. estaba solo, peleando por un público que tenía muchas otras opciones.

Paralelamente, en la competencia comienza un programa que llaman *A mano limpia,* conducido por Óscar Haza, en el horario que yo había "calentado" y bajo un formato parecido al mío, un *show* de debate y opinión basado en noticias de actualidad. Desde el inicio, el programa se convirtió en un éxito y comenzó a ganar audiencia consistentemente.

Para todos los que trabajamos en esta industria, el *rating* es nuestra espada de Damocles. Vivimos y morimos por esos numeritos que nos dicen cuánta gente está viéndonos. Y, más aún, los anunciantes toman sus decisiones dependiendo del dichoso *rating*. Así que, sin *rating*, no hay anunciantes. Y sin anunciantes, no hay programa. Así de sencillo.

Mi contrato con el 22 no estipulaba ninguna cláusula sobre el *rating*. Es decir, que tuviera o no tuviera audiencia, yo seguiría ganando lo mismo durante dos años. Pero estaba abatida. Después de tanto trabajo remontando la cuesta para lograr un público que me siguiera, comenzaba a ver que la carrera iba de nuevo en declive.

Sólo tres meses después de salir al aire, el barco del 22 comenzó a hacer agua.

De la Peña decidió de un día para otro despedir a Rankin y a Suárez, mis dos grandes aliados. Canceló los programas que venían antes y después del mío. La razón: falta de presupuesto. Un canal que acababa de salir al mercado se quedaba sin programas originales ni talentos conocidos. De pronto, era yo la única luchando dentro de un barco que había zarpado hundido.

Entonces me di cuenta de que De la Peña sólo compró el canal para revenderlo. Era lo que siempre hacía. Él necesitaba algún programa conocido, una cara, un rostro, para subirle el valor al canal. Como quien trabaja en bienes raíces y compra una casa, la decora, la medio arregla y la vende al doble de lo que la compró. Yo era la decoración.

Pasaban los meses y veía cómo se desplomaban los números del *rating* con la mayor de las impotencias. No podía irme sin cumplir mi contrato de dos años. No tenía a dónde ir. Presentía que la carrera se iba al foso, comenzaba nuevamente a devaluarme como talento. El programa de la competencia subía en audiencia mientras el mío bajaba. En un momento llegaron a tener 12 puntos ellos contra dos puntos que sacaba yo. Caí en una profunda desesperación.

Y ahí comenzó otra batalla de fe, otra guerra igual de fuerte que la anterior.

En mi lugar, cualquiera hubiera tirado la toalla, pero el cristiano nunca se da por vencido. Está probado que si uno se aferra a Dios, Él responde.

De rodillas, noche tras noche, leía la Palabra para fortalecer mi fe y mi espíritu. Le decía: *Exijo que me des lo que prometes.* Tú dices: *Clama a mí y yo te responderé y te libraré de todas tus angustias. ¡Líbrame ahora, lo reclamo en el nombre de Jesús!* A Dios se le puede reclamar con fuerza lo que está prometido en la Biblia.

Aunque es en medio de las pruebas cuando más nos cuesta mantener la fe, Dios nos recompensa al vencer a nuestro principal enemigo: nuestro propio desánimo. Los cristianos hablamos mucho de la batalla de la fe. Es la lucha que debemos librar diariamente contra el escepticismo, contra esas fuerzas negativas que nos invaden la mente y el alma. Esa batalla se gana conociendo tus derechos celestiales y leyendo la Biblia. Porque, precisamente allí, está todo el mensaje del Altísimo para nosotros, sus promesas, su consuelo. Así que la fe crece leyendo la Palabra. Cuando nos aferramos a ella, encontramos paz. Seguridad. Confianza. El arma espiritual más poderosa del creyente es conocer lo que Dios te promete.

Este conocimiento tiene la capacidad de derribar fortalezas, tiene la capacidad de darnos las fuerzas del búfalo. De lo contrario, la falta de conocimiento provoca que fácilmente las dudas nos invadan, nos depriman y nos hagan flaquear. La Biblia derriba todos los pensamientos negativos con palabras tan poderosas como:

Estamos predestinados para reinar en vida (Romanos, 5:17).
Todo lo podemos en Cristo que nos fortalece (Filipenses, 4:13).
Somos más que vencedores en Cristo Jesús (Romanos, 8:37).

Éstas son la verdaderas armas del espíritu, las que nos hacen ganar la batalla de la fe. Sólo hay que creerlas y acordarse.

Así pues, durante esa nefasta experiencia con De la Peña, que hubiera hecho que cualquiera desistiera, yo me mantuve firme, con la certeza de que saldría adelante y alcanzaría toda la prosperidad que Él me había prometido porque yo soy su hija.

Ya había comenzado la tormenta cuando, en noviembre de 2003, logré obtener una entrevista que había buscado durante años y que se convirtió en uno de los logros profesionales más grandes de toda mi carrera periodística: un cara a cara con el general chileno Augusto Pinochet, quien dirigió Chile de 1973 a 1989, en *María Elvira confronta.*

Me fui a Santiago de Chile a entrevistarlo. Estuve tres días compartiendo con él y su familia. Gracias al Señor me sentía nuevamente una periodista de envergadura, de las que jamás abandonan una causa, de las que dan todo por una exclusiva.

No quiero decirle nada más a nadie... Ésta es la última entrevista que daré en mi vida, me dijo Pinochet en cámara. Una de las frases que más ansía escuchar un periodista. Tenía 88 años y me había tomado casi cinco años lograr este histórico encuentro.

Pinochet estaba débil, pero perfectamente lúcido. La esposa, doña Lucía, le exigió evitar algunos temas para no comprometer su situación judicial, pero él admitió los excesos cometidos bajo su régimen en cuanto a violación de derechos humanos. *En todas partes hay excesos y gente que no se controla. Así que es posible que haya habido,* me dijo. El día después de la primera entrega de la entrevista, los diarios de todas partes del mundo reflejaron la nota como noticia de primera plana.

Había sido definitivamente un cataclismo periodístico. Sobre Fidel Castro, Pinochet me dijo: *Es un hombre poco franco y veraz. Un lobo en piel de cordero.* También rememoró sus 503 días de detención en Londres: *Cuando ya llevaba más de un año, pensaba que me iba a morir allá. Pensé muchas veces que no iba a llegar a Chile*, declaró. Jacqueline Pinochet, por su parte, afirmó en esa oportunidad que ser la hija de Pinochet fue más bien una carga: *No tengo recuerdos de decir "qué rico, soy la hija del Presidente", de haber disfrutado, viajado. Viví con guardaespaldas, balearon mi casa cuando tenía a mis hijos chicos*, me confesó ante las cámaras.

Una de las frases de Pinochet que más impacto causaron ante la opinión pública fue emitida precisamente durante esa entrevista: *¿A quién le tengo que pedir perdón? Si estuvieron a punto de matarme en el Cajón del Maipo. Son ellos los que me tienen que pedir perdón a mí. Ellos, los marxistas.*

Cientos de televisoras de todo el mundo pasaron fragmentos del encuentro. Estaba llena de felicidad. Había logrado otro gol periodístico.

De repente, antes de que terminara ese año, recibí una llamada que me impactó. Era Beto Ortiz, el periodista peruano cómplice de Laura en la transmisión de la cinta de audio clandestina. Me decía que necesitaba trabajo y preguntaba si yo podía ayudarlo. ¿Yo, ayudarlo? El hombre que, de alguna manera, había contribuido a hundirme ahora me necesitaba. Estaba huyendo de la presidencia de Alejandro Toledo, se había tenido que fugar del Perú como perseguido político, y ahora atravesaba en Miami una situación económica lamentable. En momentos así hay que pensar en las palabras de Cristo, en su manera de obrar, de perdonar. Sus enseñanzas nos dicen que nuestras vidas deben ser reflejos de la de Él. Así, pues, Beto terminó no sólo trabajando en el Canal 22, sino también viviendo por un año gratis en un apartamento que tenía al lado de mi casa.

Según el propio Beto: *Yo esperaba que, luego de nuestra encendida discusión en el programa, ella (María Elvira) jamás me contestaría o, si lo hacía, sería para mandarme al diablo, pero no solamente fue cordial, sino que se convirtió en mi principal aliada durante el año y medio que pasé en esa ciudad (Miami). María Elvira y su esposo Renzo prácticamente me adoptaron: me dejaron vivir en su casa sin cobrarme un centavo, me consiguieron empleo en Canal 22 y se preocuparon permanentemente de que estuviera bien, como si yo fuera parte de su familia. Sencillamente, no hubiera podido sobrevivir en los Estados Unidos sin ella.*[48]

A finales del 2003 sentía que el balance de mi vida era positivo. Dios me recompensaba con prosperidad, salud, paz, aunque el canal donde trabajaba no mostraba futuro. Contaba mis bendiciones, alababa a Dios en público y en privado, trataba de diseminar su mensaje en cada oportunidad. Era todavía un camino duro hacia la recuperación, pero sentía que poco a poco lo estaba logrando, con la ayuda del Señor. Sola, jamás hubiera podido levantarme.

Laura Bozzo, por su parte, estaba en la cúspide: había destronado definitivamente a Cristina Saralegui, decían en la prensa que ganaba dos millones de dólares al año, contaba con el apoyo de Telemundo, su productor Miguel Ferro había llevado el programa a los niveles de audiencia más altos jamás conseguidos por un *show* de habla hispana... y sin embargo, era infeliz. Como ella misma lo confesó tiempo después, se sentía abandonada por todos. La justicia peruana la cercaba y marcaba todos sus movimientos. Incluso uno de los guardias de los estudios Monitor tuvo que someterse al escrutinio del juez Peña Farfán porque se supo que Laura Bozzo burló su arresto domiciliario cuando, en diciembre de 2003, salió con su novio Christian Suárez y su abogado para recibir el año 2004 sintiendo en la cara el aire de la libertad. Ella después negó esto bajo juramento, pero el guardia Manuel Barba Clostre no sólo lo reafirmó, sino que estuvo a punto de ir preso por haberle permitido a Laura esta "travesura" de fin de año.[49]

La prensa reflejaba además escándalo tras escándalo: problemas con el novio, antidepresivos, peleas con sus hijas, ataques de pánico, depresiones, en fin, un mundo sórdido rodeaba a Bozzo. Un mundo de oscuridad.

Y es que quien no tiene a Dios en su corazón, no puede tener luz aunque esté bañado en la abundancia material. La verdadera paz la conoce el espíritu del hombre si tiene comunión con Dios.

Laura no sabía qué le depararía el futuro. Yo sí sabía lo que sería del mío, sabía que era luminoso, aunque se sentía oscuro. Sabía que uno camina por fe y no por vista. Sabía que con nuestras palabras fabricamos un mundo espiritual que después se transforma en nuestro mundo físico. Lo sabía porque tenía al que es nombre, sobre todo nombre, en el cielo y en la tierra: Jesús.

IX. LEVANTARSE MIL VECES

El poder de la resurrección

Yo soy la resurrección y la vida;
el que cree en mí, aunque esté muerto, vivirá.

Juan, 11:25

Los cristianos creemos que la fuerza de la resurrección que levantó a Cristo de la tumba está en nosotros. La certeza de que Jesús se levantó de entre los muertos y caminó entre los vivos nuevamente, hasta subir al cielo, nos genera una inmensa seguridad en nuestro propio poder interior. Todos podemos levantarnos, una, dos, mil veces, tantas como sea necesario. Y eso he hecho yo toda mi vida: caer y levantarme, aferrada a la fe en que Dios no falla. Ha sido muy difícil, pero la Palabra ha alimentado mi espíritu y me ha mantenido firme en mi convicción de que siempre, con la ayuda del Altísimo y en el nombre de Cristo, saldré adelante.

Los cristianos servimos a un Salvador vivo, que está entre nosotros, nos acompaña, nos ayuda, es nuestra luz al final del túnel. Cuando creemos esto, nada puede contra nosotros. Ni la desesperanza, ni la depresión, ni la tristeza, ningún problema puede quebrarnos el espíritu. El poder de la resurrección nos asegura que tenemos una victoria en nuestra vida diaria.

Dice la Palabra: *A fin de que como Cristo resucitó de los muertos por la gloria del Padre, así también nosotros andemos en vida nueva.*[50] La victoria en la vida cristiana está asegurada porque Él se levantó de los muertos y nos dio el poder de la resurrección. *En su resurrección Jesucristo vive sentado a la diestra del Padre donde Él intercede por ti y por mí en este momento.*[51]

Esa fuerza de la resurrección está dentro de ti. En el momento en que te lo crees, eres un gigante. La cosa es que te lo creas. Ése es tu gran desafío.

Si yo no hubiera tenido esta certeza dentro de mí, tal vez no habría sobrevivido. Los años siguientes a mi despido de Telemundo han sido muy duros. De pocos ascensos y muchos descalabros.

A finales del año 2003, a pesar de tener un buen contrato en el Canal 22, haber logrado la entrevista con Pinochet y haberme salvado de la bancarrota, mi carrera pendía de un hilo. El programa de Óscar Haza seguía aplastándome en los niveles de audiencia: no contaba con un buen equipo de producción y el Canal 22 no tenía otros programas atractivos aparte del mío. Un canal no se hace con un solo programa. Mis esfuerzos diarios por levantarme moral y profesionalmente se veían diluidos en la guerra del *rating*. La gran ironía era, además, que el programa contra el cual competíamos era un espacio creado por mí.

Sin embargo, yo seguía luchando, poniéndome retos, trabajando catorce horas diarias, pidiéndole a Dios que me llevara de nuevo al lugar donde estaba antes y agradeciendo de antemano que así fuera. Sabía que, tarde o temprano, me levantaría nuevamente.

Precisamente por esa época, el 26 de noviembre de 2003, McNamara, que seguía siendo presidente de Telemundo, accedió a declarar ante la justicia peruana. Lo habían llamado al mismo tiempo que a mí, como testigo en el caso de Bozzo y Montesinos por el delito de peculado, entre otros. Le tomó 14 meses contestar el llamado, pero finalmente aceptó.

Rindió su declaración formal ante el cónsul Gustavo Gutiérrez en el consulado de Perú en Miami. Se sometió a un largo interrogatorio, en el que le preguntaron, entre otras cosas, si tenía intereses económicos en el Perú, si conocía a Montesinos y qué tanto sabía de mi tan mencionado viaje a Panamá para entrevistar al ex asesor.

McNamara, cauteloso, respondía con mesura y masticada lentitud. El ambiente se tornaba más denso a medida que la audiencia avanzaba. Las mentiras que Laura había dicho durante años, con descaro absoluto, quedaban al descubierto: McNamara admitió haber conocido a Montesinos, aun cuando Laura Bozzo había declarado a los medios que *McNamara jamás había ido al Perú*. Mi ex jefe aceptó además que sabía de mi viaje a Panamá, y también de mi muy anticipado y planificado deseo de entrevistar a Montesinos. Dijo que una entrevista con el ex jefe de la SIN *podía ser de interés para los televidentes.*[52] Sometido bajo juramento a la presión de la justicia peruana, McNamara admitió que ellos sabían que yo buscaba una exclusiva con Montesinos para el noticiero y que sufragaron todos los gastos de mi viaje a Panamá.

Paralelamente, estas grandes verdades se reflejaban en la vida de Laura.

En abril de 2004, la justicia de su país la acusó de haber contribuido a la fuga de Montesinos a Panamá. Entonces, en ese momento, tuvo que cambiar su declaración. Ya no podía negar rotundamente que había viajado al país centroamericano. Había sido delatada por los testigos, la línea aérea, la aduana y muchos otros. Siempre ha sido un vano ejercicio tratar de tapar el sol con un dedo, aunque Laura parecía no saberlo.

El cerco se le estrechaba cada vez más a la "Diva cautiva". Seguía cumpliendo su arresto domiciliario mientras, audiencia tras audiencia, la legitimidad de sus declaraciones se derrumbaba. José Francisco Crousillat, quien fuera dueño del canal para el que ella trabajaba en el Perú, declaró a la prensa el 21 de ese mismo abril que Montesinos le pagaba 20 mil dólares mensuales a Laura a cambio de controlar los contenidos de su programa y, sobre todo, para que apoyara la campaña de Fujimori. Crousillat habló desde Argentina y dijo tener pruebas.

Eran demasiadas pruebas acusatorias, y fue cuando Laura decidió darle un giro a la novela, revelar que estaba profundamente enamorada de Vladimiro y que por eso había hecho todo lo que se alegaba.

Tenía que defenderse de alguna manera, y la excusa del amor ha sido aceptada desde tiempos inmemoriales para justificar las más descabelladas locuras. Tal vez a la "abogada de los pobres" también le serviría de algo hacerse ahora la víctima de un gran amor no correspondido. Aquello era digno de una gran telenovela y Laura sabía muy bien cómo ocupar el lugar protagónico.

Fue durante ese abril de 2004 cuando Bozzo reveló que a Montesinos hasta le bailó "por amor" cuando Matilde Pinchi Pinchi, la cajera automática de Vladi, declaró que existían pruebas, videos (recuerden la extraña afición de Montesinos por grabarlo todo), de que Laura dormía en las instalaciones del SIN compartiendo el búnker con su amado. Yo recordaba todo lo que ella me había contado sobre su relación con Montesinos y debo admitir que, a pesar de toda su maldad, sentía pena por ella. Al fin y al cabo, tal vez sí era un poco una víctima, enamorada y no correspondida. Pinchi Pinchi, en otra confesión bajo juramento, dijo que Montesinos le decía a Laura Bozzo "burra" porque no sabía lo que era el "Plan Colombia".[53] ¡Qué momento más penoso! La prueba era clara: Montesinos la usaba y la maltrataba mientras a Laura la cegaba el amor.

Otras de las bombas que soltó Pinchi Pinchi durante el jucio eran mucho más incendiarias: dijo haber visto a Laura recibir 300 mil dólares, precisamente en la cama de él en el SIN. Éste sería el último pago de los tres millones que supuestamente le prometió Montesinos por apoyar la campaña de Fujimori. Según Pinchi Pinchi, el ex asesor prefirió pagarle a Bozzo directamente, pues los Crousillat, dueños del canal, le estarían pidiendo 14 millones.[54]

El panorama se ponía cada vez más negro para la "señorita Laurita". El primero de octubre de 2004, Eliseo Oropeza, el tan mencionado fiel chofer Manolo, confirma que el collar que con tanto orgullo ostentaba Laura en televisión había sido un regalo de Montesinos.

Los meses pasaban y Laura Bozzo seguía bajo arresto, cada vez más acorralada y con más problemas judiciales, profesionales y personales. Su programa ya no se veía en Perú, y las declaraciones que daba sobre su relación con Montesinos afectaban su noviazgo con Christian Suárez. En noviembre de 2004, los periodistas recogieron la noticia con asombro: Suárez, el fiel amante, el *fan* número uno, el público perenne, no se presentó en la audiencia. Otra cosa que llamó la atención de la prensa fue que la abogada de Montesinos, Estela Valdivia, hacía de correo entre Laura y sus abogados.[55] ¿Qué significaba todo esto? ¿Acaso un resurgir entre las relaciones de la "abogada de los pobres" y el Rasputín peruano? Dicen que donde hubo fuego, cenizas quedan. Sin embargo, Montesinos y Bozzo no se dirigían la mirada y, ante los medios, Laura renegaba de su antiguo amor. Además, se llenaba la boca diciendo: *No creo en la justicia peruana, sólo en la divina.* Pero parecía que ambas justicias estaban ejerciéndose a la vez, y en su contra.

Para mí, la declaración más interesante que dio Laura a los medios fue cuando dijo, para desprestigiar a la Fiscalía: *Sus famosas pruebas son María Elvira, a quien yo denuncié por chantajearme y a quien botaron de Telemundo por mí.*[56] Cuando leí esto, me sentí aliviada: al fin la verdad, al fin la injusticia se revelaba y de boca de la propia Laura.

Aun cuando nadie parecía querer escuchar, aun cuando McNamara y Martínez habían dicho bajo juramento que yo me había ido voluntariamente de Telemundo. Aun cuando años después Laura Bozzo me dijo mirándome a los ojos que ella no había tenido nada que ver con mi salida de Telemundo. Por un minuto, al menos, Laura había dicho la verdad, y esa verdad había quedado registrada por la prensa peruana para la historia. Gracias, Señor, porque por primera vez en años salí vindicada.

En abril de 2005 continúa el juicio y siguen sus mentiras. Ahora ella niega que contactó a Montesinos cuando éste se fugó a Panamá. Ya tenía casi tres años presa. El juicio era un gran espectáculo que la prensa peruana cubría minuto a minuto: desde las pataletas del novio de Laura hasta los careos con la Pinchi Pinchi, los insultos de Bozzo a todo aquel que dijera algo en su contra y el acercamiento cada vez más evidente de la abogada de Montesinos, Estela Valdivia, con Laura. Todo era noticia de primera plana en el Perú. Montesinos, sin embargo, era el gran testigo mudo. Parecía catatónico. Ni siquiera sus reacciones faciales delataban su pensamiento, porque sencillamente no las había.

De pronto, en junio de 2005 y para sorpresa de todos, Montesinos decide hablar. *Vladimiro Montesinos sorprendió ayer al hacer uso de la palabra para negar cualquier relación con Laura Bozzo.*[57] Ya Pinchi Pinchi había anunciado que Montesinos declararía en favor de Laura, y algunos medios hacían ver como "sospechosa" la relación de Bozzo con Valdivia. Incluso, se decía que a la abogada de Montesinos se le había visto en los estudios Monitor. Los guardias decían que cuando la abogada llegaba, apagaban todas las luces del estudio para que nadie se diera cuenta de quién entraba. Era la misteriosa visitante; lo que nadie sabía era a qué iba.

Sea cual fuere la razón, el rumbo del juicio varió por completo. La suerte le había cambiado a Laura Bozzo... no sabemos a qué costo. El domingo 26 de junio, el ex asesor, que ahora mostraba una nunca antes vista elocuencia, *negó haber favorecido a la animadora de televisión... (y) haberle dado costosos regalos...*[58] La única vez que Montesinos abrió la boca fue para defender a Laura.

Nunca entenderé por qué después de tantos años Montesinos decidió repentinamente defender a Laura, ni me convence la "amistad" entre Valdivia y Bozzo. Lo cierto es que, menos de un mes después, Laura Bozzo era liberada de su arresto domiciliario. El juicio, sin embargo, continuaba, en medio de las amenazas de la diva de demandar a todo aquel que hablara mal de ella. Paradójicamente, con su liberación comenzó también su caída. Muy pronto, Laura dejaría de ser la reina de los *talk shows* para convertirse en un desecho más de la industria.

Miguel Ferro era en aquel momento productor ejecutivo de *Laura en América* para Telemundo, y recuerda perfectamente el día en el que se le levantó el arresto domiciliario a Bozzo: *Le hicimos una fiesta en la Suite Presidencial del Marriot, todo pagado por Telemundo. Se invitó a las grandes figuras del canal: Ana María Polo, Mónica Noguera, la Chola Chabuca. Le compusimos una canción, fue todo muy emotivo. Todo quedó televisado, se transmitió en vivo a través de Telemundo. El programa fue un éxito, en* prime time. *Le ganamos al estreno de "Pasión de gavilanes" por Univision.*[59]

Laura me dijo, en la entrevista que le hice años después en mi programa, que esa misma noche tuvo que volver al estudio, a Monitor, porque no podía dormir. Se había acostumbrado a estar presa. Era absolutamente triste la situación: su recién adquirida libertad la abrumaba.

Según declaraciones de algunas de las personas que trabajaban para ella y otros empleados de Telemundo que han preferido mantener su nombre en el anonimato, Laura cambió después de ser liberada. Era como si no supiera manejarse. Más altisonante que nunca, más despótica que nunca, sus problemas con la producción, con el equipo, y hasta con el público en vivo que asistía a las grabaciones, trascendían y llegaban a oídos de los ejecutivos y por supuesto de la prensa amarillista. Se quejaba de todo y de todos, gritaba, estallaba por cualquier detalle que no le complaciera y después rompía a llorar, pidiendo perdón. Parecía desequilibrada, nerviosa, siempre a punto de hacer erupción. Ella misma me dijo que *sufría de ataques de pánico, respiraba en bolsas.*[60] Y es que estar tres años presa tiene que ser una experiencia trágica aunque estés en una jaula de oro.

Miguel Ferro comenta sobre esa época: *Laura fue siempre muy exigente, y cuando reclamaba algo, generalmente tenía razón. Tal vez su manera de decir las cosas no era la adecuada, pero si le gritaba a alguien luego se arrepentía y pedía perdón.* Sin embargo, para algunos jefes los niveles de "exigencia" pueden llegar a volverse "despotismo". El mismo Ferro, por ejemplo, sufrió de una arritmia cardiaca debido al estrés y a la presión. *A mí nada me impedía sacar el programa al aire. El productor ejecutivo es el responsable de llevar un producto de calidad al público, y eso lo tengo muy claro. Independientemente de los problemas que debíamos enfrentar, como cualquier programa diario, teníamos el ingrediente adicional de la situación jurídica de la conductora del programa, que obviamente la afectaba en lo personal y esto incidía en las grabaciones, pero nunca dejé que las afectara.*[61]

Laura en América, en efecto, seguía siendo la punta de lanza de Telemundo y, presa o no, Bozzo generaba más de 50 por ciento de las ganancias para su cadena.

Pero el poder la cegó, así como esa mala experiencia con la justicia. Las revistas de farándula hablaban de sus escándalos; Laura quería salir todos los días, ir a discotecas con su novio, los *paparazzi* la perseguían y le tomaban fotos supuestamente embriagada. Columnas de chismes decían que ni sus propias hijas, ni su familia, ni su hermana Susana, podían hablar con ella.

La "abogada de los pobres" estaba incontrolable, como si quisiera recuperar el tiempo perdido. Se supo que en otra de las fiestas que le ofreció Telemundo en la suite presidencial del Marriot se empeñó en encender un cigarrillo, y cuando uno de los empleados del hotel se le acercó para pedirle que lo apagara porque no se podía fumar en el recinto, Bozzo armó un escándalo desproporcionado que causó el revuelo entre los presentes y una nueva reseña negativa en la prensa.

A pesar del alto *rating*, los ejecutivos de la cadena estaban preocupados. Su gallina de los huevos de oro estaba fuera de control y la empresa dueña de Telemundo, General Electric, era y sigue siendo una corporación muy estricta en cuanto a la integridad de sus empleados. No veían con buenos ojos los desmanes de Laura.

Entonces, Miguel Ferro decide renunciar: *Sentía que había cumplido un ciclo, doscientos veinte programas. Me hacían falta mis hijos, quería volver al teatro, a mis raíces*. Así, a finales de 2005, Ferro regresa a Miami y quien fuera su productora, Verónica, se encarga de la producción ejecutiva de *Laura en América*. La debacle comienza: Laura deja de asistir a las grabaciones o llega tarde, rompe libretos, se niega a grabar. La productividad baja, la presión sube. Verónica es víctima de un colapso nervioso que la manda al hospital.

Por fin, un día cualquiera y sin previo aviso, Ramón Escobar, vicepresidente de programación diurna, cancela el programa de Laura. Todo el mundo recibió su cheque y, sin explicaciones, el *show* se dejó de grabar.

Por esa época, mientras la vida de Laura era una secuencia de ansiedades, la mía era un rosario de incertidumbres. Después de dos años batallando en un canal fantasma, se vencía mi contrato con el 22. En ese momento justo el señor De la Peña logra lo que siempre tuvo en mente, pero nunca lo dijo: vender el canal. Eso me dejaba de nuevo en el aire: sin contrato, sin certezas y sin rumbo. El comprador del canal resultó ser Raúl Alarcón Jr., quien decidió llamarlo "Mega TV". Alarcón era el dueño de Spanish Broadcasting Network, una de las dos cadenas de radio en español en Estados Unidos. Su poder económico era inmenso, así como su interés por incursionar en la televisión. Ésta era su primera prueba. Quería hacer un canal de puro entretenimiento, música, variedades y farándula. Una opción ligera para la familia. La política no tenía cabida en su programación. Y yo, al parecer, tampoco. Todo indicaba que me tocaría comenzar de cero, otra vez.

Señor, dame la sabiduría de Salomón. ¿Qué hago? ¿Qué invento? ¿Cómo logro quedarme en este canal? Le pedí una entrevista al propio Alarcón y me la concedió. Le pregunté qué quería para su nuevo proyecto. "Entretenimiento", me contestó. "Eso tendrás", le respondí.

Tenía que mostrarle un proyecto concreto que yo pudiera hacer. Decidí invertir 40 mil dólares de mi bolsillo y realicé el piloto de un programa. Se llamaba *Polos opuestos*. Sería un *show* distinto al periodismo que había hecho por 20 años. Tendría que reinventarme, pero de eso se trata la vida. Nuevamente, me llené del poder de Cristo, la guía del Espíritu Santo. Concebí un *show* de entretenimiento, de debate escandaloso, un circo romano que mantuviera al público pegado a la pantalla. Algo polémico y divertido a la vez. Era un inmenso reto, otro más en mi vida. Había que enfrentarlo, pero para eso Dios siempre te da las fuerzas del búfalo.

El piloto le gustó a Alarcón. Había logrado quedarme. En abril de 2006 salió al aire el primer programa. Las oraciones nunca regresan vacías.

Imagínense la felicidad y agradecimiento que sentía. La mano de Dios me había rescatado por tercera vez. Sin embargo, el programa desde el principio no funcionó. Era un híbrido, una buena idea mal producida. Los *ratings* no despegaban. Estábamos a la deriva, sin brújula y sin saber cómo salir del atolladero. Pedí sabiduría de rodillas. Estaba consciente de que mi "experimento" no estaba funcionando y no tenía mucho tiempo para remediarlo.

Entonces, el 31 de julio del 2006 a las 11 de la noche, ocurre lo inesperado. Me llaman a mi casa los ejecutivos de Mega y me dicen que salga corriendo de vuelta al canal. Estaba en pijama y sin maquillaje. Tenía que ir al aire.

Fidel Castro había entregado el poder a su hermano Raúl en Cuba. Estaba enfermo de gravedad, se rumoraba incluso que podía estar muerto. Todo esto generó un cataclismo en la opinión pública y especialmente una explosión de ansiedad e incertidumbre en la ciudad de Miami, corazón del exilio cubano. Al día siguiente había que cambiar el formato del programa. La gente quería oír hablar del futuro cubano y de la inminente muerte de Fidel, de la repercusión sobre Chávez y de la posición de los Estados Unidos sin la figura de Castro. En 24 horas todo cambió, volvía a mi materia: la política.

En ese momento me convertí en la productora independiente de mi propio programa. Nunca había manejado presupuesto, ni había tenido que tomar decisiones gerenciales ni administrativas, pero comencé a hacerlo. Sabía que debía tomar el control de mi carrera, de mi programa, de mi vida. Así que relanzamos el programa con un nuevo set, un nuevo concepto y mi viejo y conocido tema: la noticia.

Comencé entonces a recuperarme poco a poco, siempre con la ayuda del Señor. Le pedía que me ayudara a conseguir los mejores productores, a conformar el mejor equipo. Sentía que había un nuevo aire en mi vida gracias al Señor. Nuevamente, veía obrar sus maravillas en mí y sentía el poder de su fuerza.

Al mismo tiempo, Laura volvía al aire con un nuevo programa: *Laura en acción,* producido por Promofilms, una productora independiente. El *show* no tuvo el éxito de *Laura en América,* no logró jamás los niveles de *rating* antes alcanzados. Telemundo decidió bajarlo de horario y transmitirlo a las tres de la tarde. Era el principio del fin.

Paralelamente, en ese mismo mes de julio, Laura fue condenada a cuatro años de prisión suspendida. La Sala Penal la encontró culpable de complicidad en el delito de peculado.

Había sido procesada durante casi cuatro años y salió en libertad porque ya había cumplido su condena en arresto domiciliario. Montesinos, por su parte, fue condenado a ocho años de prisión.

Poco tiempo después, Telemundo decide no renovarle el contrato, esta vez definitivamente. Laura está libre, pero su nombre ha quedado manchado, no tiene programa y ha gastado una fortuna en abogados. La reina parece haber caído. Sus peleas con Jaime Bayly[62] y con buena parte de la prensa de su país se convierten en noticia de todos los días.

Mientras tanto, yo llevaba años pidiéndole a Dios que me diera el mejor equipo de producción. Entonces sucedió algo que me hizo confirmar, una vez más, que nada es imposible para Él. La vida me juntó con Miguel Ferro. Nos conocimos en un evento. Yo sabía que él era el productor de *Laura en América,* puesto que en todas partes se hablaba de ese "Mago" que había llevado al tope el *talk show* de Bozzo y que había logrado que Telemundo destronara a Univision en el horario de las tardes. Ferro era catalogado como uno de los mejores productores de entretenimiento de habla hispana, y para cualquier cadena era un privilegio tenerlo. Cuando lo conocí me acerqué y le pregunté qué estaba haciendo. Ya no estaba con Laura, se había dedicado al teatro, su pasión, y estaba produciendo programas en Venezuela, su país natal. Me quedé con la inquietud de tenerlo en el equipo de *María Elvira Live.* Lo decreté en el nombre del Señor. Y como todo lo que uno declara en su nombre, meses más tarde, Miguel Ferro se convertiría en el productor de mi programa junto a Roberto Céspedes.

La presencia de Roberto fue otro milagro. Por años había sido el productor estrella de la competencia. Y la mano de Dios lo convenció, un año antes, de que viniera a trabajar conmigo, lo que representó un acto de fe de su parte. Céspedes era el hombre del contenido, Ferro el del espectáculo. Al fin había logrado lo que durante tantos años había anhelado: el mejor equipo de producción que un programa noticioso en vivo puede tener.

A partir de ese momento, la pelea por el *rating* se hizo más y más pareja, hasta que logramos ganarla. Han sido dos años de arduo trabajo, de reuniones diarias, de búsqueda de la exclusiva, de la noticia, de la bomba que logre hacer estallar la pantalla, sin caer en amarillismo ni en sensacionalismo y con el respeto como bandera. Años de tomarle el pulso a la gente, al vecino, a la comunidad, al exilio, para saber qué quiere escuchar y ver el público.

Fue precisamente Miguel Ferro quien logró concretar la exclusiva con Laura Bozzo en septiembre de 2008. La entrevista, que hicimos en Santo Domingo y transmitimos en varias entregas, logró captar una audiencia importantísima, arrasamos con el *rating* y levantamos la atención de los medios nacionales e internacionales.

Esa entrevista marcó para mí el final de un ciclo y el comienzo de otro. Para mi programa fue indudablemente un momento de gloria, el preámbulo del posicionamiento del *show* en el primer lugar de sintonía en el sur de Florida.

Desde entonces hemos ido para arriba. La pelea por captar audiencia se ha hecho más pareja. Hemos tenido momentos de gloria y también situaciones difíciles. Pero hemos podido comprobar, día tras día, que... si Dios está contigo, nadie, absolutamente nadie, está contra ti.

X. LA JUSTICIA DIVINA EN LA TIERRA

Renací de las cenizas, como el Fénix

Caerán a tu lado mil, y diez mil a tu diestra;
mas a ti no llegará. Ciertamente con tus ojos mirarás
y verás la recompensa de los impíos.

Salmo 91:7-8

Todo cambia. No hay certezas en este mundo pasajero. Un día estamos sentados, almorzando con un querido amigo, y al día siguiente podemos enterarnos de que falleció o que se ganó la lotería. Una mañana nos despertamos en un país que nos vio nacer, y esa misma noche tal vez nos acostamos en una cama en la que nunca hemos dormido, en otro país, siendo emigrantes, exiliados políticos, perseguidos o sencillamente buscando una vida mejor para nosotros mismos, para nuestros hijos. Un día estamos mal, hundidos, deprimidos, al borde de la muerte, del fracaso, de la bancarrota... y al día siguiente Dios nos depara un milagro que nos saca del foso. Una noche estamos pariendo con dolor, y dos horas más tarde la vida entera se transforma en gloria cuando amamantamos a nuestro hijo por primera vez. Es la vida. Una constante sorpresa, un eterno sobresalto. La única certeza absoluta es que Dios nos salva siempre. Sólo tenemos que creerlo con todo el cuerpo, con toda el alma, con todo el corazón.

Hoy, nueve años después de que comenzó este extraño episodio en mi vida, producto de la mano manipuladora y siniestra de Laura Bozzo, puedo decir con la mayor de las certezas que mi fe en el Señor es más fuerte que nunca. Él es mi poste, mi puerto seguro, mi roca. Y sí, definitivamente, el cielo y el infierno están en la tierra. El bien y el mal se manifiestan cada día de nuestras vidas, habitan a nuestro alrededor, sólo tenemos que escuchar con atención las voces que nos rodean y abrir los ojos del corazón para cuidarnos de las engañosas y tentadoras señales del averno, y reconocer la verdad única del Todopoderoso, su palabra divina, lo único absoluto que podemos tener en este mundo. Las decisiones que tomamos nos llevan por un camino o por otro; si escogemos el camino del bien el Altísimo nos arropa, nos guía, nos conduce de la mano hasta la luz.

Yo atravesé senderos espinosos, sentí muchas veces durante los últimos años que pisaba arenas movedizas; si alguna vez a lo largo de mi vida mi fe en Dios fue angosta puedo decir hoy, con la mayor convicción y en el nombre del Señor, que la experiencia que viví con Laura Bozzo hizo que mi fe se multiplicara y se fortaleciera, y que el poder del Altísimo se manifestara en mi vida cada minuto en forma de milagros grandes y pequeños, desde la sonrisa de mis hijas hasta mis éxitos profesionales. Creo en Dios, en su omnipotencia, en su luz, en su infinita sabiduría, en sus promesas, en su amor incondicional que jamás nos abandona. Soy hija del Altísimo y nada me falta.

Hace casi una década comenzó este viaje, esta travesía tortuosa a ratos que, sin embargo, agarrada de la mano de Dios, me llevó al lugar en el que estoy hoy: serena, segura de mí misma, dueña de mi vida, de mi programa, de mis decisiones. Sin duda alguna mucho más feliz que hace 10 años, cuando toda esta historia comenzó.

Tuve que tocar fondo, arrodillarme con toda la humildad posible ante el Señor, para salir a la superficie. También tuve que aprender a perdonar. *Perdónanos, Señor, como también nosotros perdonamos a los que nos ofenden*, dice la oración que Jesús nos enseñó, el "Padre Nuestro" que rezamos desde pequeños. Y así lo hice. Perdoné a Laura hace mucho tiempo. Fue la única manera de sanar mis heridas, de salir adelante, de soltar el lastre. Porque eso es el rencor: un lastre que no nos deja volar. Independientemente del dolor que nos haya causado la ofensa, el Señor nos enseña a perdonar. Sólo así experimentamos el verdadero amor cristiano. Sólo así podemos ser salvados. El perdón es un acto de madurez emocional que implica no sólo dejar el pasado atrás, sino comenzar el camino hacia el futuro con el alma y el espíritu limpios y abiertos a recibir toda la bondad y la abundancia del Señor. Perdoné a Laura Bozzo, sí. Y pude al fin tener paz, gracias a Dios.

Esa paz que me trajo el perdón y esa fortaleza interna que me da mi fe inquebrantable en Dios me permitieron volver a ver a Laura, siete años después. En septiembre de 2008, mi productor Miguel Ferro, que había sido su productor estrella, el que la había llevado a los más altos *ratings*, el que había vivido con ella en Perú durante dos años de cautiverio, tal y como mencioné antes, pudo conseguir una entrevista con ella en Santo Domingo. Para mí, este encuentro era mucho más que un reto periodístico o una argucia para lograr un alto *rating*. Era remover el pasado, el capítulo más doloroso de mi vida, y verme cara a cara con la persona que más daño me hizo jamás. Pero también era cerrar un ciclo, saldar cuentas y dejar atrás el dolor, el mal que ella me causó.

Viajamos a República Dominicana. Ella no puede entrar en los Estados Unidos debido a sus problemas con la justicia peruana. Yo no sabía qué sentiría al verla, después de tantos años, de tantas mentiras, de tanta miseria y mancha. En el avión iba orando. Pedía al Señor sabiduría, serenidad, luz. Quería ser lo más objetiva posible, pero sabía que no me enfrentaba a un entrevistado cualquiera. Era una persona que me había cambiado la vida, que me había hecho conocer el lado más oscuro del mundo de la farándula y del negocio de la televisión. Laura Bozzo casi había logrado que mi carrera periodística se hundiera, que perdiera todo. Y sin embargo, ahora me sentía yo con más fuerza que nunca.

La entrevista se produjo en un canal de Santo Domingo en el que ella estaba buscando alguna oportunidad de trabajo.

En ese momento, su carrera estaba en el piso y ella hacía esfuerzos sobrehumanos tratando de levantarla. El 2008 había sido un año terrible para ella: fue acusada de abusar de algunos menores a los que había invitado a su programa, supuestamente haciéndoles mentir acerca de temas muy graves como incesto, violaciones y bajezas por el estilo. Su compatriota Jaime Bayly la acusaba de fraude, su programa ya no se veía en ninguna parte. Continuaba siendo investigada por la justicia de su país y, en general, era "persona no grata" para los medios peruanos, especialmente para la intelectualidad, que la acusaba de degradar su gentilicio y de hacer "televisión basura".[63]

Laura estaba viviendo las consecuencias de sus actos, de sus decisiones equivocadas, de su mal. Como el escorpión que termina envenenado por su propio aguijón, Bozzo era víctima de sí misma y de no tener a Dios en su corazón. Todo su reino de oropel se había destruido. Su fortuna se había dilapidado entre pagar abogados y solucionar juicios. Su poder, otrora aparentemente infinito, ya no existía o no era tanto. Laura había escogido un camino maligno, lleno de falsedad y traición, y ahora estaba sola. Era un ídolo caído.

Finalmente se produjo el encuentro. *Señor Jesús, dame serenidad,* oraba sin parar, como un poderoso mantra, el más efectivo de todos. Trataba de concentrarme en las preguntas que le haría, guardando mi compostura y aferrada al periodismo, a la ética, a mis principios profesionales. En Mega TV se había hecho una campaña publicitaria muy importante para anunciar la entrevista y no quería defraudar ni a mi canal ni a mi público. Tenía que presentar una exclusiva de altura con el respeto que estoy acostumbrada a tener hacia mis invitados. Las expectativas eran muy grandes.

Cuando Laura entró, nerviosa, huracanada como siempre, escandalosa, altisonante, imponiendo su presencia y tratando de adueñarse del estudio, como siempre, me invadió una sensación que a mí misma me sorprendió: sentí pena por ella. La vi empequeñecida, tratando de aferrarse a la imagen de sí que ella misma construyó. Tratando de ser lo que alguna vez fue.

Se me acercó tratando de disimular los nervios, el temblor que le recorría el cuerpo. Llevaba lentes oscuros, una carpeta llena de documentos que jamás mostró y, por supuesto, su sempiterno Armani. Me saludó como si nada, haciendo comentarios banales: *Estás flaca, qué bien te ves, estás muy linda. ¿Desde cuándo no te veo? ¿Estabas embarazada la última vez que te vi?* Como si de pronto todas sus falsas acusaciones, su maldad, sus trampas, su traición, no hubieran existido. Como si todo el daño que me hizo hubiera sido una mala película de domingo. Y sí, la verdad es que me dio tanta pena verla allí, en ese estudio pequeño, con el rostro intervenido por las cirugías y el alma reseca por la maldad, que de pronto todo lo malo pareció esfumarse.

La entrevista transcurrió, accidentadamente, en medio de las interminables mentiras de Laura Bozzo. Su manera habitual de engañar descaradamente al público chocaba con mis intentos por tratar de obtener aunque fuera una declaración sincera. Negó que tuviera algo que ver con mi despido de Telemundo, aun cuando años antes lo declaró públicamente a la prensa del Perú. Negó haber sido amante de Montesinos, aun cuando a mí misma me había contado sus aventuras y desventuras con el polémico personaje. Negó absolutamente todas las verdades que yo conocía y trató de hacerse la víctima, una y otra vez, hablando de cuánto sufrió mientras estuvo presa en los estudios de Monitor. Y sí, claro que había sufrido. Pero únicamente por las decisiones que ella misma había tomado.

Fueron dos horas de falsedades, de deshonestidad. Traté de confrontarla, de que reconociera todo lo que me había hecho, pero fue en vano. Ella es una artista de la manipulación, tiene muchos años de práctica. Yo soy sencillamente una periodista que anda en busca de la noticia y de la verdad. Pero hay sitios en donde, como si buscáramos oro en un pozo seco, no se puede conseguir la verdad.

Admitió sin embargo, por primera vez en público, que fue ella quien me llevó a Panamá para entrevistar a Montesinos: *Yo quería darte la exclusiva en Panamá*, dijo muy oronda. *Los ejecutivos* [de Telemundo] *me pidieron que te consiguiera una entrevista*. Por lo menos parte de la verdad salía a relucir. Después de tanto haberlo negado, sin importar que mi nombre y mi prestigio quedasen embarrados.

La entrevista, a los ojos de todos, fue un éxito. Otro reto periodístico superado. Tuvimos un *rating* descomunal y se sucedieron varias entregas de la conversación con este personaje tan atractivo e intrigante. Fue un reportaje muy completo en el cual incluimos testimonios de las hijas de Laura, así como videos y datos que sustentaban cada una de las palabras que yo, responsablemente, estaba diciendo por primera vez en años.

Pero la realidad es que, más allá de la exclusiva, del *rating* y de la pantalla, para mí fue un momento de reconciliación conmigo misma, con mi historia y con lo vivido. Un momento de reafirmación de mi fe en Dios y en su Palabra. Él estaba conmigo y ella no había podido destruirme.

Después de la extenuante grabación, que por cierto ella interrumpió varias veces con la excusa de hablar con mi productor Miguel Ferro, o de llamar a su abogado (cada vez que se sentía acorralada me evadía), fuimos a su hotel. Me invitó a sentarme en el *lobby,* y allí entendí como nunca el concepto de justicia divina. Yo me sentía fuerte, protegida por el Sagrado Manto del Altísimo. En cambio ella se veía frágil, las manos le temblaban, se tomó más de cinco *whiskeys,* fumaba incontrolablemente, sin parar de hablar de sus desgracias y de cómo todos los canales de Latinoamérica le habían cerrado las puertas.

Yo la veía, con el corazón lleno de compasión cristiana, y pensaba en las enseñanzas de Jesús: *Cuando el demonio te ataque, átalo en el nombre del Altísimo*. Satanás es como un león rugiente en medio de la selva: si estás armado y protegido, el león no te puede tocar. Nuestra arma contra la fiera es la sangre de Jesús. Él es mi escudo, mi protección. Su Palabra es mi sustento. El Demonio no me toca, porque la sangre de Cristo me protege. El Libro Sagrado lo dice: *Sed sobrios y velad, porque vuestro adversario el diablo, como león rugiente, anda alrededor buscando a quien devorar.*[64]

***

Laura Bozzo simbolizó en mi vida lo más cerca que he estado de Satanás. Me atacó con toda la fuerza de su poder maligno, pero salí vencedora de la oscuridad gracias a mi fe en Dios. Hoy por hoy, mi programa goza de la aceptación de todo el público latinoamericano en Estados Unidos. Tenemos un equipo de producción de gente comprometida y brillante, y estamos en el punto más alto del *rating* a las ocho de la noche, muy por encima de la competencia que en un momento me aplastaba. Mega TV es un canal que me ha apoyado totalmente y que está en franco crecimiento, en vías de convertirse en una cadena nacional y con la mayor audiencia del sur de Florida. He recuperado lo perdido y he ganado en abundancia material y espiritual. Y todo ha sido posible gracias a la fe, a la certeza en el poder de un Cristo resucitado que está a tu lado. He ganado la batalla por la fe, alimentando mi espíritu con la Palabra, orando y aferrándome a Dios y a su reino.

El reino de Satanás no nos vencerá mientras estemos bajo la sombra del Omnipotente. Ni la calumnia, ni la envidia, ni toda la maldad que habita el mundo podrá tocarnos.

Yo he visto los milagros de Jesús resucitado manifestarse en mi vida. Y sé que cada uno de ustedes puede comenzar a vivir su propio milagro. Con la ayuda del Señor, orando y conociendo su palabra, todos podemos salir adelante, sea cual sea la circunstancia en la que nos sentimos atrapados.

SEÑOR JESÚS, YO TENGO FE EN QUE TÚ MORISTE EN LA CRUZ POR MÍ, QUE ME HAS DADO VIDA ETERNA Y QUE TU ESPÍRITU SANTO VIVE EN MÍ, QUE EL DIABLO NO ME PUEDE TOCAR PUES SOY HIJO TUYO. HE NACIDO DE NUEVO Y TE PERTENEZCO. POR MÁS QUE EL ENEMIGO QUIERA APARTARME DE TI CON MENTIRAS, NO PODRÁ PORQUE LA VERDAD ESTÁ EN TU PALABRA QUE ES LA BIBLIA. ALLÍ ESTÁN TODAS TUS PROMESAS. TÚ ME AMAS Y ME PROTEGES CON TU VERDAD. GRACIAS, SEÑOR.[65]

Cada minuto que respiro es otro ejemplo de que *si Dios está conmigo, nadie está contra mí*. Pero yo no soy privilegiada ni escogida. Todos somos sus hijos. Sólo tenemos que reconocerlo y pedirle. Cuando tú lo reconozcas, entenderás que la felicidad no es exclusiva de unos pocos ni es asunto de cuentos de hadas. La felicidad, el gozo del espíritu, es una promesa de nuestro Señor y es perfectamente posible en el nombre del Altísimo.

Yo soy la mejor prueba, tú lo podrías ser también, aún más. Pruébalo.

NOTAS

[1] Salmo 34:19.

[2] James Marvin (Jim) McNamara, presidente de Telemundo desde 1999 hasta 2005.

[3] Programa televisivo estilo *talk show* conducido por la abogada peruana Laura Bozzo y que se comenzó a transmitir en los Estados Unidos a través de Telemundo en febrero de 1998.

[4] Alberto Fujimori, presidente del Perú desde el 28 de julio de 1990 hasta el 22 de noviembre de 2000. Bajo su mandato, Vladimiro Montesinos era el jefe del Servicio de Inteligencia Nacional.

[5] Sendero Luminoso (llamado oficialmente Partido Comunista del Perú-Sendero Luminoso, PCP-SL), es una organización terrorista peruana de tendencia maoísta.

[6] Vladimiro Montesinos estaba casado con Trinidad Becerra pero sostenía una relación clandestina con Jacqueline Beltrán, que salió a la luz pública un año después. Se sabe que Beltrán huyó con él a Panamá el 24 de septiembre de 2000.

[7] Proverbios, 4:23.
[8] Servicio de Inteligencia Nacional.
[9] Pedro, 5:8.
[10] Eclesiastés, 11:10.
[11] Isaías, 26:3.
[12] Job, 5:2.
[13] Vladimiro Montesinos ingresó a Venezuela con pasaporte falso a nombre de un ciudadano venezolano supuestamente llamado Manuel Antonio Rodríguez Pérez. Lo acompañaba la peruana Emma Aurora Mejías Guzmán (también con un pasaporte venezolano a nombre de Carmen Yolanda Pérez Rangel), quien días después denunció la presencia de Montesinos en Caracas a cambio de que la llevaran de vuelta al Perú sana y salva (fuente: "Montesinos sabe demasiado: la verdad de su captura", por Pedro Fernández, Caracas, 31 de agosto de 2002).
[14] Isaías, 10:3.
[15] Jeremías, 15:21.
[16] Cabe recordar el ya mencionado programa que Laura Bozzo dedicó a la paternidad irresponsable en abril de 2000, tomando como ejemplo al entonces candidato Alejandro Toledo, quien no había legitimado a su hija Zaraí. Bozzo pidió a Montesinos arreglar una entrevista con Lucrecia Orozco, la madre de la niña (esto se comprobó a través de las cartas de Laura a Montesinos, que se usaron como prueba en el juicio de 2002).
[17] 2 de Crónicas, 15:7.

[18] El 13 de diciembre de 2000, el cirujano plástico Lorenzo di Cecilia le practicó una rinoplastia —corrección del tabique nasal— y una blefaroplastia —ajuste de párpados— a Montesinos en el Centro Diagnóstico San Bernardino en Caracas (Pedro Fernández, "Montesinos sabe demasiado", Caracas, 31 de agosto de 2001).

[19] En declaraciones en Chile, el presidente de Venezuela Hugo Chávez dijo que su gobierno le había salvado la vida a Montesinos al detenerlo en junio de ese año. Según él, las autoridades peruanas lo habrían asesinado (Pedro Fernández, *Idem).*

[20] Isaías, 40:29.

[21] Comisión parlamentaria encargada de las investigaciones concernientes a Fujimori y a Montesinos, la cual era presidida por Anel Townsend.

[22] Salmo 84:11.

[23] 2 de Timoteo, 1:7.

[24] Diario *El Correo*, Lima, Perú, julio de 2002.

[25] Proverbios, 10:3.

[26] "Vladivideo" núm. 1792 del 26 de noviembre de 1999 (fuente: agenciaperu.com: "Laura Bozzo con arresto domiciliario", 17 de julio de 2002).

[27] Proverbios, 10:9.

[28] Tengo en mi poder el correo electrónico que Peyronnin pasó a administración solicitando el pago de diez mil dólares por servicios prestados.

[29] Actualmente, Del Monte es la productora del *show* radial *El vacilón.*

[30] Jeremías, 33:3.
[31] Efesios, 3:14.
[32] Salmo 34:4.
[33] Salmo 23:4.
[34] Salmo 91.
[35] Declaraciones de Guillermo Descalzi a Paola Ugaz, en agenciaperu.com, 17 de octubre de 2002, "El poder de Laura Bozzo en Telemundo".
[36] Beto Ortiz en entrevista exclusiva desde el Perú para este libro.
[37] Rui Ferreira, *El Nuevo Herald,* jueves 10 de octubre de 2002.
[38] *Idem.*
[39] "El poder de Laura Bozzo en Telemundo", Paola Ugaz, agenciaperu.com, 17 de octubre de 2002.
[40] Proverbios, 10:30.
[41] Deuteronomio, 8:18.
[42] *El Comercio,* "La Bozzo y el DOC en Panamá", Miguel Ramírez, Perú, 25 de febrero de 2003.
[43] "Siento que los procuradores me odian", entrevista con Laura Bozzo para el diario *El Correo,* Jhovert Guevara, julio de 2003.
[44] Miguel Ferro es actualmente el productor de *María Elvira Live.*
[45] Prisión para mujeres en Lima, en donde cumplió sentencia la amante "oficial" de Montesinos, Jackie Beltrán.
[46] Proverbios, 10:27.

[47] *"House arrest? Try to stop her"*, reportaje de Reed Johnson para *Los Angeles Times,* 29 de septiembre de 2004.

[48] Entrevista exclusiva con Beto Ortiz para este libro.

[49] "Ratifican que Laura Bozzo burló arresto domiciliario", *La Prensa,* Perú, febrero de 2004.

[50] Romanos, 6:4.

[51] Juan, 2:1.

[52] Ref: Documentos del Departamento de Justicia, Perú, año 2003.

[53] Ref: "Laura Bozzo confiesa que por amor le bailó a Montesinos", 23 de abril de 2004, *El Correo,* Perú.

[54] Ref: "Reiteran que la conductora recibió US $300 mil del Doc", 23 de abril de 2004, *El Correo,* Perú.

[55] Ref: "El Doc y Laura Bozzo", diario *La República,* Perú, 20 de noviembre de 2004.

[56] Ref: "Ni se miraron", artículo escrito por Zarella Sierra Peralta para *Perú 21,* 20 de noviembre de 2004.

[57] Ref: "Montesinos niega amorío con Laura Bozzo", diario *El Comercio,* Perú, 25 de junio de 2005.

[58] Ref: "Vladimiro Montesinos desmiente a Pinchi Pinchi", diario *El Comercio,* Perú, 26 de junio de 2005.

[59] Miguel Ferro en entrevista concedida exclusivamente para este libro.

[60] Laura Bozzo en entrevista para *María Elvira Live,* septiembre de 2008.

[61] Miguel Ferro, *Idem.*

[62] Bayly introduciría años más tarde una demanda de investigación contra Laura Bozzo por supuesto abuso de menores. Esto fue el golpe final de su carrera.

[63] Rocío Silva Santisteban: *El factor asco. Basurización simbólica y discursos autoritarios en el Perú contemporáneo.* Lima: Red de Ciencias Sociales (Universidad del Pacífico, Pontificia Universidad Católica-Instituto de Estudios Peruanos), 2008.

[64] Primera Carta de San Pedro a los Romanos, 5:8.

[65] En "Ministerios Especiales", Lidia Rossi.

AGRADECIMIENTOS

A muchos debo agradecer el hecho de que este libro sea una realidad, pero quiero mencionar a dos personas en particular:

Dardo Catriel Leiras, mi maquillista, uno de los mejores en la industria de la televisión en español en Estados Unidos, por su valentía y grandeza. Fue el único que me alertó del huracán maléfico que se aproximaba a mis costas; al hacerlo se jugaba un empleo cómodo en Telemundo, sólo por ser decente y buen amigo. ¿Cuántos de nosotros podremos decir que haríamos lo mismo?

Y a Indira Páez, una de las mejores escritoras de televisión en la industria en español. Sin ella no existiría el libro: lo investigó, lo corrigió, lo cuidó y lo hizo suyo. Es uno de esos ángeles del coro celestial que Dios me envió para ayudarme a narrar con música cómo sucedieron los hechos en mi batalla triunfal. Siempre tendrá todo mi agradecimiento.

ÍNDICE

Si Dios contigo, ¿quién contra ti?, de María Elvira Salazar
se terminó de imprimir en marzo de 2010 en
Worldcolor Querétaro, S.A. de C.V.
Fracc. Agro Industrial La Cruz
El Marqués, Querétaro
México